AF136607

Immanuel Kant, Johann Friedrich Hartknoch

Beobachtungen über das Gefühl des Schönen und Erhabenen

Immanuel Kant, Johann Friedrich Hartknoch

Beobachtungen über das Gefühl des Schönen und Erhabenen

ISBN/EAN: 9783743337572

Hergestellt in Europa, USA, Kanada, Australien, Japan

Cover: Foto ©Thomas Meinert / pixelio.de

Immanuel Kant, Johann Friedrich Hartknoch

Beobachtungen über das Gefühl des Schönen und Erhabenen

Beobachtungen

über

das Gefühl

des

Schönen und Erhabenen.

von

M. Immanuel Kant.

Riga,

bey Friedrich Hartknoch, 1771.

Erster Abschnitt.

Von den unterschiedenen Gegenständen des Gefühles vom Erhabenen und Schönen.

Die verschiedenen Empfindungen des Vergnügens, oder des Verdrusses, beruhen nicht so sehr auf der Beschaffenheit der äußeren Dinge, die sie erregen, als auf dem, jedem Menschen eigenen Gefühle, dadurch mit Lust oder Unlust gerühret zu werden. Daher kommen die Freuden einiger Menschen, woran andre einen Ekel haben, die verliebte Leidenschaft, die öfters jedermann ein Räthsel ist, oder auch der lebhafte Widerwille, den der eine woran empfindet, was dem andern völlig gleichgültig ist. Das Feld der Beobachtungen dieser Besonderheiten der menschlichen

A

llchen Natur erstrecket sich sehr weit, und verbirgt annoch einen reichen Vorrath zu Entdeckungen, die eben so anmuthig als lehrreich sind. Ich werfe vorjetzt meinen Blick nur auf einige Stellen, die sich in diesem Bezirke besonders auszunehmen scheinen, und auch auf diese mehr das Auge eines Beobachters, als des Philosophen.

Weil ein Mensch sich nur in so fern glücklich findet, als er eine Neigung befriediget: so ist das Gefühl, welches ihn fähig macht, große Vergnügen zu genießen, ohne dazu ausnehmende Talente zu bedürfen, gewiß nicht eine Kleinigkeit. Wohlbeleibte Personen, deren geistreicher Autor ihr Koch ist, und deren Werke von feinem Geschmacke sich in ihrem Keller befinden, werden bey gemeinen Zoten und einem plumpen Scherze in eben so lebhafte Freude gerathen, als diejenige ist, worauf Personen von edeler Empfindung so stolz thun. Ein bequemer Mann, der die Vorlesung der Bücher liebt, weil es sich sehr wohl dabey einschlafen läßt; der Kaufmann, dem alle Vergnügen läppisch scheinen, dasjenige ausgenommen, was ein kluger Mann genießt, wenn er seinen Handlungsvortheil überschlägt; derjenige, der das andre Geschlecht

schlecht nur in so fern liebt, als er es zu den ge=
niesbaren Sachen zählet; der Liebhaber der Jagd,
er mag nun Fliegen jagen, wie Domitian, oder
wilde Thiere wie A = =; alle diese haben ein Ge=
fühl, welches sie fähig macht, Vergnügen nach ih=
rer Art zu genießen, ohne daß sie andere benei=
den dörfen, oder auch von andern sich einen Be=
griff machen können; allein ich wende vorjetzt dar=
auf keine Aufmerksamkeit. Es giebt noch ein Ge=
fühl von feinerer Art, welches entweder darum so
genennet wird, weil man es länger ohne Sätti=
gung und Erschöpfung genießen kann, oder weil es,
so zu sagen, eine Reitzbarkeit der Seele voraussetzt,
die diese zugleich zu tugendhaften Regungen ge=
schickt macht, oder weil sie Talente und Verstandes=
vorzüge anzeigt; da im Gegentheile jene bey völli=
ger Gedankenlosigkeit statt finden können. Dieses
Gefühl ist es, wovon ich eine Seite betrachten will.
Doch schließe ich hiervon die Neigung aus, welche
auf hohe Verstandes=Einsichten geheftet ist, und
den Reitz, dessen ein Kepler fähig war, wenn
er, wie Bayle berichtet, eine seiner Erfindungen
nicht um ein Fürstenthum würde verkauft haben.
Diese Empfindung ist gar zu fein, als daß sie in

A 2 gegen=

gegenwärtigen Entwurf gehören sollte, welcher nur das sinnliche Gefühl berühren wird, dessen auch gemeinere Seelen fähig sind.

Das feinere Gefühl, das wir jetzt erwegen wollen, ist vornehmlich zwiefacher Art; das Gefühl des Erhabenen und des Schönen. Die Rührung von beyden ist angenehm: aber auf sehr verschiedene Weise. Der Anblick eines Gebirges, dessen beschneyte Gipfel sich über Wolken erheben, die Beschreibung eines rasenden Sturmes, oder die Schilderung des höllischen Reiches von Milton, erregen Wohlgefallen aber mit Grausen: dagegen, die Aussicht auf blumenreiche Wiesen, Thäler mit schlängelnden Bächen, bedeckt von weidenden Heerden, die Beschreibung des Elysium, oder Homers Schilderung von dem Gürtel der Venus, veranlassen auch eine angenehme Empfindung, die aber fröhlich und lächlend ist. Damit jener Eindruck auf uns in gehöriger Stärke geschehen könne: so müssen wir ein Gefühl des Erhabenen, und, um die letztere recht zu genießen, ein Gefühl für das Schöne haben. Hohe Eichen und einsame Schatten im heiligen Hayne sind erhaben, Blumenbetten, niedrige Hecken und in Figuren

ge=

geschnittene Bäume sind schön. Die Nacht ist
erhaben, der Tag ist schön. Gemüthsarten, die
ein Gefühl für das Erhabene besitzen, werden
durch die ruhige Stille eines Sommerabends,
wenn das zitternde Licht der Sterne durch die
braunen Schatten der Nacht hindurch bricht, und
der einsame Mond im Gesichtskreise steht, allmählig in hohe Empfindungen gezogen, von Freundschaft, von Verachtung der Welt, von Ewigkeit.
Der glänzende Tag flößt geschäftigen Eifer und
ein Gefühl von Lustigkeit ein. Das Erhabene
rührt, das Schöne reizt. Die Mine des
Menschen, der im vollen Gefühle des Erhabenen
sich befindet, ist ernsthaft, bisweilen starr und er-
staunt. Dagegen kündigt sich die lebhafte Empfindung des Schönen durch glänzende Herrlichkeit
in den Augen, durch Züge des Lächlens, und oft
durch laute Lustigkeit an. Das Erhabene ist wiederum verschiedener Art. Das Gefühl desselben
ist bisweilen mit einigem Grausen, oder auch Schwermuth, in einigen Fällen blos mit ruhiger Bewunderung, und in noch andern mit einer über einen
erhabenen Plan verbreiteten Schönheit begleitet.
Das erstere will ich das Schreckhafterha-

A 3   bene

bene, das zweyte das Edle und das dritte das
Prächtige nennen. Tiefe Einsamkeit ist erha=
ben, aber auf eine schreckhafte Art. * Daher große

weit=

* Ich will nur ein Beyspiel von dem edlen Grausen
geben, welches die Beschreibung einer gänzlichen
Einsamkeit einflößen kann, und ziehe um deswillen
einige Stellen aus Carazans Traume im Brem.
Magazin, Band V, Seite 539. aus. Dieser karge
Reiche hatte nach dem Maaße, wornach seine Reichthü=
mer zunahmen, sein Herz dem Mittleiden und der Liebe
gegen jeden andern verschlossen. Indessen, so wie
die Menschenliebe in ihm erkaltete, nahm die Em=
sigkeit seiner Gebete und der Religionshandlungen
zu. Nach diesem Geständnisse, fährt er also fort zu
reden: An einem Abende, da ich bey meiner Lam=
pe meine Rechnungen zog, und den Handlungsvor=
theil überschlug, überwältigte mich der Schlaf. In
diesem Zustande sah ich den Engel des Todes wie
einen Wirbelwind über mich kommen; er schlug
mich, ehe ich den schrecklichen Streich abbitten kon=
te. Ich erstarrete, als ich gewahr ward, daß mein
Loos für die Ewigkeit geworfen sey, und daß zu al=
lem Guten, das ich verübt, nichts konnte hinzugethan,
und von allem Bösen, das ich gethan, nichts konnte
hinweggenommen werden. Ich ward vor den Thron
dessen, der in dem dritten Himmel wohnet, gefüh=
ret. Der Glanz der vor mir flammete redete mich
also an: Carazan, dein Gottesdienst ist verworfen.
Du hast dein Herz der Menschenliebe verschlossen,

und

weitgeſtreckte Einöden, wie die ungeheure Wüſte Chamo in der Tartarey, jederzeit Anlaß gegeben haben, fürchterliche Schatten, Kobolde und Geſpenſterlarven dahin zu verſetzen.

A 4   Das

und deine Schätze mit einer eiſernen Hand gehalten. Du haſt nur für dich ſelbſt gelebt, und darum ſollſt du auch künftig in Ewigkeit allein und von aller Gemeinſchaft mit der ganzen Schöpfung ausgeſtoßen leben. In dieſem Augenblicke ward ich durch eine unſichtbare Gewalt fortgeriſſen, und durch das glänzende Gebäude der Schöpfung getrieben. Ich ließ bald unzählige Welten hinter mir. Als ich mich dem äußerſten Ende der Natur näherte, merkte ich, daß die Schatten des gränzenloſen Leeren ſich in die Tiefe vor mir herabſenketen. Ein fürchterliches Reich von ewiger Stille, Einſamkeit und Finſterniß Unausſprechliches Grauſen überfiel mich bey dieſem Anblicke. Ich verlor allgemach die letzten Sterne aus dem Geſichte, und endlich erloſch der letzte ſchimmernde Schein des Lichtes in der äußerſten Finſterniß! Die Todesangſt der Verzweiflung nahm mit jedem Augenblicke zu, ſo wie jeder Augenblick meine Entfernung von der letzten bewohnten Welt vermehrte. Ich bedachte mit unleidlicher Herzensangſt, daß, wenn zehntauſendmal tauſend Jahre mich jenſeit der Gränzen alles Erſchaffenen würden weiter gebracht haben, ich doch immerhin in den unermeßlichen Abgrund der Finſterniß vorwärts ſchauen würde, ohne Hülfe oder Hoffnung

Das Erhabene muß jederzeit groß, das schöne kann auch klein seyn. Das Erhabene muß
einfältig, das Schöne kann geputzt und geziert
seyn. Eine große Höhe ist eben so wohl erhaben,
als eine große Tiefe: allein diese ist mit der Empfindung des Schauderns begleitet, jene mit der
Bewunderung; daher diese Empfindung schreck-
haft erhaben, und jene edel seyn kann. Der Anblick einer Aegyptischen Pyramyde rührt, wie
Haßelquist berichtet, weit mehr, als man sich aus
aller Beschreibung es vorstellen kann: aber ihr Bau
ist einfältig und edel. Die Peterskirche in Rom
ist prächtig. Weil auf diesen Entwurf, der groß
und einfältig ist, Schönheit, z. E. Gold, mosaische
Arbeit 2c. 2c. so verbreitet ist, daß die Empfindung
des Erhabenen doch am meisten hindurch wirkt:
so

Hoffnung einiger Rückkehr — — In dieser Be-
täubung streckte ich meine Hände mit solcher Hef-
tigkeit nach Gegenständen der Wirklichkeit aus, daß
ich darüber erwachte. Und nun bin ich belehrt
worden, Menschen hochzuschätzen; denn auch der
Geringste von denenjenigen, die ich im Stolze mei-
nes Glückes von meiner Thüre gewiesen hatte, würde
in jener erschrecklichen Einöde von mir allen Schätzen
von Golconda weit seyn vorgezogen werden — —

so heißt der Gegenstand prächtig. Ein Arsenal muß edel und einfältig, ein Residentschloß prächtig, und ein Lustpallast schön und geziert seyn.

Eine lange Dauer ist erhaben. Ist sie von vergangener Zeit, so ist sie edel; wird sie in einer unabsehlichen Zukunft voraus gesehen, so hat sie etwas vom Schreckhaften an sich. Ein Gebäude aus dem entferntesten Alterthume ist ehrwürdig. Hallers Beschreibung von der künftigen Ewigkeit flößt ein sanftes Grausen, und von der vergangenen starre Bewunderung ein.

Zweyter Abschnitt.
Von den Eigenschaften des Erhabenen und Schönen am Menschen überhaupt.

Verstand ist erhaben, Witz ist schön. Kühnheit ist erhaben und groß, List ist klein, aber schön. Die Behutsamkeit, sagte Cromwell, ist eine Bürgermeistertugend. Wahrhaftigkeit und Redlichkeit ist einfältig und edel, Scherz und gefällige Schmeicheley ist fein und schön. Artigkeit ist die Schönheit der Tugend. Uneigennütziger Dienst-

eifer

elfer ist edel, Geschliffenheit (Politesse) und Höflichkeit sind schön. Erhabene Eigenschaften flößen
Hochachtung, schöne aber Liebe ein. Leute, deren
Gefühl vornehmlich auf das Schöne geht, suchen
ihre redlichen, beständigen und ernsthaften Freunde
nur in der Noth auf; den scherzhaften, artigen
und höflichen Gesellschafter aber erwählen sie sich
zum Umgange. Man schätzt manchen viel zu hoch,
als daß man ihn lieben könne. Er flößt Bewunderung ein: aber er ist zu weit über uns, als daß
wir mit der Vertraulichkeit der Liebe uns ihm zu
nähern getrauen.

Diejenigen, welche beyderley Gefühl in sich
vereinbaren, werden finden: daß die Rührung von
dem Erhabenen mächtiger ist, als die vom Schönen; nur daß sie ohne Abwechselung oder Beglei-
tung der letzteren ermüdet, und nicht lange ge-
nossen werden kann. * Die hohen Empfindungen,

---

* Die Empfindungen des Erhabenen spannen die
Kräfte der Seele stärker an, und ermüden daher
eher. Man wird ein Schäfergedicht länger in einer Folge lesen können, als Miltons verlorenes
Paradies, und den de la Bruyere länger, als den
Young. Es scheint mir so gar ein Fehler des
letzteren, als eines moralischen Dichters, zu seyn,
daß

gen, zu denen die Unterredung in einer Gesellschaft von guter Wahl sich bisweilen erhebt, müssen sich dazwischen in heitern Scherz auflösen,
und die lachenden Freunde sollen mit der gerühr-
ten ernsthaften Mine den schönen Contrast machen,
welcher beyde Arten von Empfindung ungezwun-
gen abwechseln läßt. Freundschaft hat hauptsäch-
lich den Zug des Erhabenen, Geschlechterliebe
aber des Schönen an sich. Doch geben Zärtlichkeit und tiefe Hochachtung der letzeren eine gewisse Würde und Erhabenheit; dagegen gaukel-
hafter Scherz und Vertraulichkeit das Colorit des
Schönen in dieser Empfindung erhöhen. Das
Trauerspiel unterscheidet sich, meiner Meynung
nach, vom Lustspiele vornehmlich darinnen: daß in
dem ersteren das Gefühl fürs Erhabene, im
zweyten für das Schöne gerühret wird. In dem
ersteren zeigen sich großmüthige Aufopferung für
fremdes

daß er gar zu einförmig im erhabenen Tone anhält:
denn die Stärke des Eindruckes kann nur durch
Abstechungen mit sanfteren Stellen erneuert werden. Bey dem Schönen ermüdet nichts mehr als
mühsame Kunst, die sich dabey verräth. Die Bemühung zu reitzen wird peinlich und mit Beschwer-
lichkeit empfunden.

frembes Wohl, kühne Entschlossenheit in Gefahren und geprüfte Treue. Die Liebe ist daselbst schwermüthig, zärtlich und voll Hochachtung; das Unglück anderer beweget in dem Busen des Zuschauers theilnehmende Empfindungen, und läßt sein großmüthiges Herz für fremde Noth klopfen. Er wird sanft gerührt, und fühlt die Würde seiner eigenen Natur. Dagegen stellt das Lustspiel seine Ränke, wunderliche Verwirrungen, und Witzige, die sich herauszuziehen wissen, Narren, die sich betrügen lassen, Spaße und lächerliche Charaktere vor. Die Liebe ist hier nicht so grämisch: sie ist lustig und vertraulich. Doch können, so wie in andern Fällen, also auch in diesen, das Edle mit dem Schönen in gewissem Grade vereinbart werden.

Selbst die Laster und moralischen Gebrechen führen öfters gleichwohl einige Züge des Erhabenen oder Schönen bey sich; wenigstens so, wie sie unserem sinnlichen Gefühle erscheinen, ohne durch Vernunft geprüft zu seyn. Der Zorn eines furchtbaren ist erhaben, wie Achilles Zorn in der Iliade. Ueberhaupt ist der Held des Homers schreklich erhaben, des Virgils seiner dagegen edel.

edel. Offenbare dreiſte Rache, nach großer Belei⸗
digung, hat etwas großes an ſich, und ſo uner⸗
laubt ſie auch ſeyn mag, ſo rührt ſie in der Er⸗
zählung gleichwohl mit Grauſen und Wohlgefal⸗
len. Als Schach⸗Nadir zur Nachtzeit von einigen
Verſchwornen in ſeinem Zelte überfallen ward: ſo
rief er, wie Hanway erzählet, nachdem er ſchon
einige Wunden bekommen und ſich voll Verzwei⸗
felung wehrete: Erbarmung! ich will euch al⸗
len vergeben. Einer unter ihnen antwortete, in⸗
dem er den Sábel in die Höhe hob: Du haſt
keine Erbarmung bewieſen, und verdienſt auch
keine. Entſchloſſene Verwegenheit an einem Schel⸗
men iſt höchſt gefährlich: aber ſie rührt doch in
der Erzählung, und ſelbſt wenn er zu einem ſchänd⸗
lichen Tode geſchleppt wird, ſo verebelt er ihn noch
gewiſſer maaßen dadurch, daß er ihm troßig und
mit Verachtung entgegen geht. Von der andern
Seite hat ein liſtig ausgedachter Entwurf, wenn
er gleich auf ein Bubenſtück ausgeht, etwas an
ſich, was fein iſt, und belacht wird. Buhleriſche
Neigung (Coquetterie) im feinen Verſtande, nem⸗
lich eine Gefliſſenheit, einzunehmen und zu reißen,
an einer ſonſt artigen Perſon, iſt vielleicht tabel⸗

haft,

haft, aber doch schön, und wird gemeiniglich dem ehrbaren ernsthaften Anstande vorgezogen.

Die Gestalt der Personen, die durch ihr äußeres Ansehen gefallen, schlägt bald in eine, bald in die andere Art des Gefühles ein. Eine große Statur erwirbt sich Ansehen und Achtung, eine kleine mehr Vertraulichkeit. Selbst die bräunliche Farbe und schwarzen Augen sind dem Erhabenen, blaue Augen und blonde Farbe dem Schönen näher verwandt. Ein etwas grösseres Alter vereinbaret sich mehr mit den Eigenschaften des Erhabenen, Jugend aber mit dem Schönen. So ist es auch mit dem Unterschiede der Stände bewandt, und in allen diesen nur erwähnten Beziehungen müssen so gar die Kleidungen auf diesen Unterschied des Gefühles eintreffen. Große ansehnliche Personen müssen Einfalt, höchstens Pracht in ihrer Kleidung beobachten, kleine können geputzt und geschmückt seyn. Dem Alter geziemen dunklere Farben und Einförmigkeit im Anzuge; die Jugend schimmert durch hellere und lebhaft abstechende Kleidungsstücke. Unter den Ständen muß bey gleichem Vermögen und Range der Geistliche die grösseste Einfalt, der Staatsmann die meiste Pracht zeigen,

zeigen. Der Cizisbeo kann sich ausputzen, wie es ihm beliebt.

Auch in äußerlichen Glücksumständen ist et= was, das wenigstens nach dem Wahne der Men= schen in diese Empfindungen einschlägt. Geburt und Titel finden die Menschen gemeiniglich zur Achtung geneigt. Reichthum, auch ohne Verdien= ste, wird selbst von Uneigennützigen geehrt; ver= muthlich weil sich mit seiner Vorstellung Entwürfe von großen Handlungen vereinbaren, die dadurch könnten ausgeführt werden. Diese Achtung trifft gelegentlich auch manchen reichen Schurken, der solche Handlungen niemals ausüben wird, und von dem edlen Gefühle keinen Begriff hat, welches Reichthümer einzig und allein schätzbar machen kann. Was das Uebel der Armuth vergrößert, ist die Geringschätzung, welche auch nicht durch Ver= dienste gänzlich kann überwogen werden, wenig= stens nicht vor gemeinen Augen, wo nicht Rang und Titel dieses plumpe Gefühl täuschen und ei= nigermaßen zu dessen Vortheile hintergehen.

In der menschlichen Natur finden sich niemals rühmliche Eigenschaften, ohne daß zugleich Abartun= gen derselben durch unendliche Schattirungen bis

zur

zur äußersten Unvollkommenheit übergehen sollten. Die Eigenschaft des Schrecklicherhabenen, wenn sie ganz unnatürlich wird, ist abentheuerlich. * Unnatürliche Dinge, in so fern das Erhabene darinnen gemeynet ist, ob es gleich wenig oder gar nicht angetroffen wird, sind Fratzen. Wer das Abentheuerliche liebt und glaubt, ist ein Phantast, die Neigung zu Fratzen macht den Grillenfänger. Anderer Seits artet das Gefühl des Schönen aus, wenn das Edle dabey gänzlich mangelt, und mann nennet es läppisch. Eine Mannsperson von dieser Eigenschaft, wenn sie jung ist, heißt ein Laffe; ist sie im mittleren Alter, so ist es ein Geck. Weil dem höheren Alter das Erhabene am nothwendigsten ist: so ist ein alter Geck das verächtlichste Geschöpf in der Natur, so wie ein junger Grillenfänger das widrigste und unleidlichste ist. Scherze und Munterkeit schlagen in das Gefühl des Schönen ein. Gleichwohl kann noch ziemlich viel Verstand hindurchscheinen, und in so fern können sie mehr oder weniger dem Erhabenen verwandt seyn.

* In so fern die Erhabenheit oder Schönheit das bekannte Mittelmaß überschreitet, so pflegt man sie romanhaft zu nennen.

ſeyn. Der, in deſſen Munterkeit dieſe Dazumiſchung unmerklich iſt, **faſelt**. Der beſtändig faſelt iſt **albern**. Man merket leicht, daß auch kluge Leute bisweilen faſeln, und daß nicht wenig Geiſt dazu gehöre den Verſtand eine kurze Zeit von ſeinem Poſten abzurufen, ohne daß dabey etwas verſehen wird. Derjenige, deſſen Reden oder Handlungen weder beluſtigen noch rühren, iſt **langweilig**. Der Langweilige, inſofern er gleichwohl beydes zu thun geſchäfftig iſt, iſt **abgeſchmackt**. Der Abgeſchmackte, wenn er aufgeblaſen, iſt ein **Narr**. *

Ich will dieſen wunderlichen Abriß der menſchlichen Schwachheiten durch Beyſpiele etwas verſtändlicher

* Man bemerket bald, daß dieſe ehrwürdige Geſellſchaft ſich in zwo Logen theile, in die der Grillenfänger und die der Gecken. Ein gelehrter Grillenfänger wird beſcheidentlich ein **Pedant** genannt. Wenn er die trotzige Weisheitsmine annimmt, wie die Dunſe alter und neuer Zeiten, ſo ſteht ihm die Kappe mit Schellen gut zum Geſichte. Die Claſſe der Gecken wird mehr in der großen Welt angetroffen. Sie iſt vielleicht noch beſſer als die erſtere. Man hat an ihnen viel zu verdienen und viel zu lachen. In dieſer Caricatur macht gleichwohl einer dem andern ein ſchief Maul, und ſtößt mit ſeinem leeren Kopfe an den Kopf ſeines Bruders.

B

ständlicher machen; denn der, welchem Hogarths Grabstichel fehlt, muß, was der Zeichnung am Ausdrucke mangelt, durch Beschreibung ersetzen. Kühne Uebernehmung der Gefahren für unsere, des Vaterlandes, oder unserer Freunde Rechte ist erhaben. Die Creutzzüge, die alte Ritterschaft, waren abenteuerlich; die Duelle, ein elender Rest der letzern aus einem verkehrten Begriffe des Ehrenrufes, sind Fratzen. Schwermüthige Entfernung von dem Geräusche der Welt aus einem rechtmäßigen Ueberdrusse ist edel. Der alten Eremiten einsiedlerische Andacht war abenteuerlich. Klöster und dergleichen Gräber, um lebendige Heilige einzusperren, sind Fratzen. Bezwingung seiner Leidenschaften durch Grundsätze ist erhaben. Casteyungen, Gelübde und andere Mönchstugenden mehr sind Fratzen. Heilige Knochen, heiliges Holz und aller dergleichen Plunder, den heiligen Stuhlgang des großen Lama von Thibet nicht ausgeschlossen, sind Fratzen. Von den Werken des Witzes und des feinen Gefühls, fallen die epischen Gedichte des Virgils und Klopstoks ins Edle, Homers und Miltons ins Abenteuerliche. Die Verwandelungen des Ovids sind Fratzen, die Feenmärchen des französischen Aberwitzes sind

die

die elendesten Fratzen, die jemals ausgeheckt worden. Anakreontische Gedichte sind gemeiniglich sehr nahe beym Läppischen.

Die Werke des Verstandes und der Scharfsinnigkeit, in so fern ihre Gegenstände auch etwas für das Gefühl enthalten, nehmen gleichfalls einigen Antheil an den gedachten Verschiedenheiten. Die mathematische Vorstellung von der unermeßlichen Größe des Weltbaues, die Betrachtungen der Metaphysik von der Ewigkeit, der Vorsehung, der Unsterblichkeit unserer Seele, enthalten eine gewisse Erhabenheit und Würde. Hingegen wird die Weltweisheit auch durch viele leere Spitzfindigkeiten entstellet, und der Anschein der Gründlichkeit hindert nicht, daß die vier syllogistischen Figuren nicht zu Schulfratzen gezählt zu werden verdienten.

In moralischen Eigenschaften ist wahre Tugend allein erhaben. Es giebt gleichwohl gute sittliche Qualitäten die liebenswürdig und schön sind, und in so fern sie mit der Tugend harmoniren, auch als edel angesehen werden, ob sie gleich eigentlich nicht zur tugendhaften Gesinnung gezehlt werden können. Das Urtheil hierüber ist fein und verwickelt. Man kann gewiß die Gemüthsverfassung

nicht

nicht tugendhaft nennen, die ein Quell solcher
Handlungen ist, auf welche zwar auch die Tugend
hinauslaufen würde, allein aus einem Grun=
de, der nur zufälliger Weise damit übereinstimmt,
seiner Natur nach aber den allgemeinen Regeln der
Tugend auch öfters widerstreiten kann. Eine ge=
wisse Weichmüthigkeit, die leichtlich in ein warmes
Gefühl des Mitleidens gesetzt wird, ist schön und
liebenswürdig; denn es zeigt eine gütige Theilneh=
mung an dem Schicksale anderer Menschen an,
worauf Grundsätze der Tugend gleichfalls hinaus=
führen. Allein diese gutartige Leidenschaft ist gleich=
wohl schwach und jederzeit blind. Denn setzet:
diese Empfindung bewege euch, mit eurem Aufwan=
de einen Nothleidenden aufzuhelfen, allein ihr
seyd einem andern schuldig, und setzt euch dadurch
außer Stand, die strenge Pflicht der Gerechtigkeit
zu erfüllen: so kann offenbar die Handlung aus kei=
nem tugendhaften Vorsatze entspringen; denn ein
solcher könnte euch unmöglich anreitzen eine höhere
Verbindlichkeit dieser blinden Bezauberung aufzu=
opfern. Wenn dagegen die allgemeine Wohlgewo=
genheit gegen das menschliche Geschlecht in euch
zum Grundsatze geworden ist, welchem ihr jederzeit
eure

eure Handlungen unterordnet, alsdann bleibt die Liebe gegen den Nothleidenden noch; allein sie ist jetzt aus einem höhern Standpunkte in das wahre Verhältniß gegen eure gesammte Pflicht versetzt wor= den. Die allgemeine Wohlgewogenheit ist ein Grund der Theilnehmung an seinem Uebel, aber auch zu= gleich der Gerechtigkeit, nach deren Vorschrift ihr ietzo diese Handlung unterlassen müsset. So bald nun dieses Gefühl zu seiner gehörigen Allgemeinheit ge= stiegen ist, so ist es erhaben, aber auch kälter. Denn es ist nicht möglich daß unser Busen für jedes Men= schen Antheil von Zärtlichkeit aufschwelle, und bey jeder fremden Noth in Wehmuth schwimme, sonsten würde der Tugendhafte unaufhörlich in mitleidigen Thränen, wie Heraklit schmelzend, bey aller dieser Gutherzigkeit gleichwohl nichts weiter als ein weich= müthiger Müßiggänger werden. *

B 3

Die

---

* Bey näherer Erwegung findet man, daß so liebens= würdig auch die mitleidige Eigenschaft seyn mag, sie doch die Würde der Tugend nicht an sich habe. Ein leidendes Kind, ein unglückliches und artiges Frauen= zimmer, wird unser Herz mit dieser Wehmuth an= füllen, indem wir zu gleicher Zeit die Nachricht von einer großen Schlacht mit Kaltsinn vernehmen, in welcher, wie leicht zu erachten, ein ansehnlicher

Theil

Die zweyte Art des gütigen Gefühls, welches zwar schön und liebenswürdig, aber noch nicht die Grundlage einer wahren Tugend ist, ist die Gefälligkeit. Eine Neigung, andern durch Freundlichkeit, durch Einwilligung in ihr Verlangen, und durch Gleichförmigkeit unseres Betragens mit ihren Gesinnungen angenehm zu werden. Dieser Grund einer reizenden Geselligkeit ist schön, und die Biegsamkeit eines solchen Herzens gutartig. Allein sie ist so gar keine Tugend, daß, wo nicht höhere Grundsätze ihr Schranken setzen und sie schwächen, alle Laster daraus entspringen können. Denn nicht zu gedenken, daß diese Gefälligkeit, gegen die, mit welchen wir umgehen, sehr oft eine Ungerechtigkeit gegen andere ist, die sich außer diesem kleinen Zirkel befinden, so wird ein solcher Mann, wenn man diesen Antrieb allein nimmt, alle Laster haben können;

nicht

Theil des menschlichen Geschlechtes unter grausamen Uebeln unverschuldet erliegen muß. Mancher Prinz, der sein Gesicht vor Wehmuth vor einer einzigen unglücklichen Person wegwandte, gab gleichwohl aus einem öfters eitlen Bewegungsgrunde zu gleicher Zeit den Befehl zum Kriege. Es ist hier gar keine Proportion in der Wirkung, wie kann man denn sagen daß die allgemeine Menschenliebe die Ursache sey?

nicht aus unmittelbarer Neigung, sondern weil er gern zu gefallen lebt. Er wird aus liebreicher Geselligkeit ein Lügner, ein Müßiggänger, ein Säufer ꝛc. ꝛc. seyn, denn er handelt nicht nach den Regeln, die auf das Wohlverhalten überhaupt gehen, sondern nach einer Neigung die an sich schön, aber indem sie ohne Haltung und ohne Grundsätze ist, läppisch wird.

Demnach kann wahre Tugend nur auf Grundsätze gepfropft werden, welche, je allgemeiner sie sind, desto erhabener und edler wird sie. Diese Grundsätze sind nicht spekulativische Regeln, sondern das Bewußtseyn eines Gefühles, das in jedem menschlichen Busen lebt, und sich viel weiter als auf die besonderen Gründe des Mitleidens und der Gefälligkeit erstreckt. Ich glaube, ich fasse alles zusammen, wenn ich sage: Es sey das Gefühl von der Schönheit und der Würde der menschlichen Natur. Das erstere ist ein Grund der allgemeinen Wohlgewogenheit, das zweyte der allgemeinen Achtung, und wenn dieses Gefühl die größte Vollkommenheit in irgend einem menschlichen Herzen hätte: so würde dieser Mensch sich zwar auch selbst lieben und schätzen, aber nur in so fern er ei-

ner

ner von allen ist, auf die sein, ausgebreitetes und edles Gefühl sich ausdehnet. Nur indem man einer so erweiterten Neigung seine besondere unterordnet, können unsere gütige Triebe proportionirt angewandt werden, und den edlen Anstand zuwege bringen, der die Schönheit der Tugend ist.

In Ansehung der Schwäche der menschlichen Natur und der geringen Macht, welche das allgemeine moralische Gefühl über die meisten Herzen ausüben würde, hat die Vorsehung dergleichen hülfleistende Triebe als Supplemente der Tugend in uns gelegt, die, indem sie einige auch ohne Grundsätze zu schönen Handlungen bewegen, zugleich andern, die durch diese letztere regiert werden, einen größeren Stoß und einen stärkern Antrieb dazu geben können. Mitleiden und Gefälligkeit sind Gründe von schönen Handlungen, die vielleicht durch das Uebergewicht eines gröbern Eigennutzes insgesammt würden erstickt werden, allein nicht unmittelbare Gründe der Tugend, wie wir gesehen haben, obgleich, da sie durch die Verwandschaft mit ihr geadelt werden, sie auch ihren Namen erwerben. Ich kann sie daher adoptirte Tugenden nennen, diejenige aber, die auf Grundsätzen ßen beruhet, die ächte Tugend. Jene sind schön und reitzend, diese allein ist erhaben und ehrwürdig. Man nennet ein Gemüth, in welchem die ersteren Empfindungen regieren, ein gutes Herz, und den Menschen von solcher Art gutherzig; Dagegen man mit Recht dem Tugendhaften aus Grundsätzen ein edles Herz beylegt, ihn selber aber einen Rechtschaffenen nennet. Diese adoptirten Tugenden haben gleichwohl mit den wahren Tugenden große Aehnlichkeit, indem sie das Gefühl einer unmittelbaren Lust an gütigen und wohlwollenden Handlungen enthalten. Der Gutherzige wird ohne weitere Absicht aus unmittelbarer Gefälligkeit friedsam und höflich mit euch umgehen, und aufrichtiges Beyleid bey der Noth eines andern empfinden.

Allein, da diese moralische Sympathie gleichwohl noch nicht genug ist, die träge menschliche Natur zu gemeinnützigen Handlungen anzutreiben: so hat die Vorsehung in uns noch ein gewisses Gefühl gelegt, welches fein ist, und uns in Bewegung setzen, oder auch dem gröbern Eigennutze und der gemeinen Wollust das Gleichgewicht leisten kann. Dieses ist das Gefühl für Ehre, und dessen Folge die Schaam. Die Meynung, die andere von unserm

serm

ferm Werthe haben mögen, und ihrUrtheil von unsern
Handlungen ist ein Bewegungsgrund von großem
Gewichte, der uns manche Aufopferungen ablockt;
und was ein guterTheil der Menschen, weder aus einer
unmittelbar aufsteigenden Regung der Gutherzig=
keit, noch aus Grundsätzen würde gethan haben,
geschieht oft genug bloß um des äußeren Scheines
willen, aus einem Wahne der sehr nützlich, obzwar
an sich selbst sehr seicht ist: als wenn das Urtheil
anderer den Werth von uns und unsern Handlungen
bestimmete. Was aus diesem Antriebe geschieht,
ist nicht im mindesten tugendhaft, weswegen auch
ein jeder, der für einen solchen gehalten werden will,
den Bewegungsgrund der Ehrbegierde wohlbedäch=
tig verhelet. Es ist auch diese Neigung nicht ein=
mal so nahe wie die Gutherzigkeit der ächten Tugend
verwand, weil sie nicht unmittelbar durch die
Schönheit der Handlungen, sondern durch den in
fremde Augen fallenden Anstand derselben bewegt
werden kann. Ich kann demnach, da gleichwohl
das Gefühl für Ehre sein ist, das Tugendähnliche,
und was dadurch veranlaßt wird, den Tugend=
schimmer nennen.

Ver=

Vergleichen wir die Gemüthsarten der Men=
schen, in so fern eine von diesen dreyen Gattungen
des Gefühls in ihnen herrschet und den moralischen
Charakter bestimmt: so finden wir, daß eine jede
derselben mit einem der gewöhnlicher maaßen einge=
theilten Temperamente in näherer Verwandschaft
stehe, doch so, daß über dieses ein größerer Man=
gel des moralischen Gefühls dem phlegmatischen
zum Antheile werden würde. Nicht als wenn das
Hauptmerkmaal in dem Charakter dieser verschiedenen
Gemüthsarten auf die gedachte Züge ankäme; denn
das gröbere Gefühl, z. E. des Eigennutzes, der gemei=
nen Wollust re. re. erwegen wir in dieser Abhandlung
gar nicht, und auf dergleichen Neigungen wird bey
der gewöhnlichen Eintheilung gleichwohl vorzüglich
gesehen; sondern weil die erwehnten feineren morali=
schen Empfindungen sich leichter mit einem oder dem
andern dieser Temperamente vereinbaren lassen und
würklich meistentheils damit vereinigt sind.

Ein innigliches Gefühl für die Schönheit und
Würde der menschlichen Natur, und eine Fassung
und Stärke des Gemüths hierauf, als auf einen all=
gemeinen Grund, seine gesamte Handlungen zu be=
ziehen, ist ernsthaft, und gesellet sich nicht wohl mit
einer

einer flatterhaften Luſtigkeit, noch mit dem Unbe‐
ſtande eines Leichtſinnigen. Es nähert ſich ſo gar der
Schwermuth, einer ſanften und edlen Empfindung,
in ſo fern ſie ſich auf dasjenige Grauſen gründet,
das eine eingeſchrenkte Seele kühlt, wenn ſie, von
einem großen Vorſatze voll, die Gefahren ſieht, die
ſie zu überſtehen hat, und den ſchweren, aber großen
Sieg der Selbſtüberwindung vor Augen hat. Die
ächte Tugend alſo aus Grundſätzen, hat etwas an
ſich, was am meiſten mit der melancholiſchen Ge‐
müthsverfaſſung im gemilderten Verſtande zuſam‐
menzuſtimmen ſcheint.

Die Gutherzigkeit, eine Schönheit und feine
Reitzbarkeit des Herzens, nach dem Anlaſſe, der ſich
vorfindet, in einzelnen Fällen mit Mitleiden oder
Wohlwollen gerührt zu werden, iſt dem Wechſel
der Umſtände ſehr unterworfen; und indem die Be‐
wegung der Seele nicht auf einem allgemeinen
Grundſatze beruht: ſo nimmt ſie leichtlich veränderte
Geſtalten an, nachdem die Gegenſtände eine oder
die andere Seite darbiethen. Und da dieſe Neigung
auf das Schöne hinausläuft, ſo ſcheint ſie ſich mit
derjenigen Gemüthsart, die man ſangviniſch nennt,
welche flatterhaft und den Beluſtigungen ergeben iſt,

am

am natürlichsten zu vereinbaren. In diesem Tempe=
ramente werden wir die beliebten Eigenschaften, die
wir adoptirte Tugenden nannten, zu suchen haben.

Das Gefühl für die Ehre ist sonsten schon ge=
wöhnlich als ein Merkmaal der cholerischen Com=
plexion angenommen worden, und wir können da=
durch Anlaß nehmen, die moralischen Folgen dieses fei=
nen Gefühls, welche mehrentheils nur aufs Schim=
mern abgezielt sind, zu Schilderung eines solchen
Charakters aufzusuchen.

Niemals ist ein Mensch ohne alle Spuren der
feineren Empfindung; allein ein größerer Mangel
derselben, der vergleichungsweise auch Fühllosigkeit
heißt, kömmt in den Charakter des phlegmatischen,
den man sonsten auch so gar der gröbern Trieb=
federn, als der Geldbegierde 2c. 2c. beraubt, die wir
aber, zusammt andern vergeschwisterten Neigungen,
ihm allenfalls lassen können, weil sie gar nicht in
diesen Plan gehören.

Laßt uns anjetzt die Empfindungen des Erha=
benen und Schönen, vornehmlich so fern sie mora=
lisch sind, unter der angenommenen Eintheilung der
Temperamente näher betrachten.

Der,

Der, deſſen Gefühl ins Melancholiſche einſchlägt, wird nicht darum ſo genannt, weil er, der Freuden des Lebens beraubt, ſich in finſterer Schwermuth härmet, ſondern weil ſeine Empfindungen, wenn ſie über einen gewiſſen Grad vergröſſert würden, oder durch einige Urſachen eine falſche Richtung bekämen, auf dieſelbe leichter als auf einen andern Zuſtand auslaufen würden. Er hat vorzüglich ein Gefühl für das Erhabene. Selbſt die Schönheit, für welche er eben ſo wohl Empfindung hat, muß ihn nicht allein reizen, ſondern, indem ſie ihm zugleich Bewunderung einflößt, rühren. Der Genuß der Vergnügen iſt bey ihm ernſthafter: aber um deswillen nicht geringer. Alle Rührungen des Erhabenen haben mehr Bezauberndes an ſich, als die gaukelnden Reize des Schönen. Sein Wohlbefinden wird eher Zufriedenheit als Luſtigkeit ſeyn. Er iſt ſtandhaft. Um deswillen ordnet er ſeine Empfindungen unter Grundſätze. Sie ſind deſto weniger dem Unbeſtande und der Veränderung unterworfen, je allgemeiner dieſer Grundſatz iſt, welchem ſie untergeordnet werden, und je erweiterter alſo das hohe Gefühl iſt, welches die niedere unter ſich befaſſet. Alle beſondere Gründe

der

der Neigungen sind vielen Ausnahmen und Aen-
derungen unterworfen, wofern sie nicht aus einem
solchen oberen Grunde abgeleitet sind. Der muntere und freundliche Alcest sagt: Ich liebe und
schätze meine Frau, denn sie ist schön, schmeichelhaft
und klug. Wie aber, wenn sie nun durch Krank-
heit entstellt, durch Alter mürrisch, und, nachdem die
erste Bezauberung verschwunden, euch nicht klüger
scheinen würde, wie jede andere? Wenn der Grund
nicht mehr da ist, was kann aus der Neigung werden? Nehmet dagegen den wohlwollenden und ge-
setzten Adrast, welcher bey sich denkt: Ich werde dieser Person liebreich und mit Achtung begegnen, denn
sie ist meine Frau. Diese Gesinnung ist edel und
großmüthig. Nunmehro mögen die zufälligen Reize
sich ändern, sie ist gleichwohl noch immer seine
Frau. Der edle Grund bleibt und ist nicht dem Un-
bestande äußerer Dinge so sehr unterworfen. Von
solcher Beschaffenheit sind Grundsätze in Vergleichung
der Regungen, die bloß bey einzelnen Veranlassun-
gen aufwallen, und so ist der Mann von Grundsätzen
im Gegenhalte mit demjenigen, welchem gelegentlich
eine gutherzige und liebreiche Bewegung anwandelt.
Wie aber, wenn so gar die geheime Sprache seines
Herzens

Herzens also lautete: Ich muß jenem Menschen da zu Hülfe kommen, denn er leidet; nicht daß er etwa mein Freund oder Gesellschafter wäre, oder daß ich ihn fähig hielte, dereinst Wohlthat mit Dankbarkeit zu erwiedern. Es ist jetzt keine Zeit zu vernünfteln, und sich bey Fragen aufzuhalten. Er ist ein Mensch, und was Menschen wiederfährt, das trifft auch mich. Alsdann stützet sich sein Verfahren auf den höchsten Grund des Wohlwollens in der menschlichen Natur, und ist äußerst erhaben, so wohl seiner Unveränderlichkeit nach, als um der Allgemeinheit seiner Anwendung willen.

Ich fahre in meinen Anmerkungen fort. Der Mensch von melancholischer Gemüthsverfassung bekümmert sich wenig darum, was andere urtheilen, was sie für gut oder für wahr halten, er stützet sich desfalls blos auf seine eigene Einsicht. Weil die Bewegungsgründe in ihm die Natur der Grundsätze annehmen: so ist er nicht leicht auf andere Gedanken zu bringen; seine Standhaftigkeit artet auch bisweilen in Eigensinn aus. Er sieht den Wechsel der Moden mit Gleichgültigkeit und ihren Schimmer mit Verachtung an. Freundschaft ist erhaben, und daher für sein Gefühl. Er kann vielleicht einen

ver=

veränderlichen Freund verlieren; allein dieser verliert ihn nicht eben so bald. Selbst das Andenken der erloschenen Freundschaft ist ihm noch ehrwürdig. Gesprächigkeit ist schön, gedankenvolle Verschwiegenheit erhaben. Er ist ein guter Verwahrer seiner und anderer Geheimnisse. Wahrhaftigkeit ist erhaben, und er hasset Lügen oder Verstellung. Er hat ein hohes Gefühl von der Würde der menschlichen Natur. Er schätzet sich selbst und hält einen Menschen für ein Geschöpf, das da Achtung verdienet. Er erduldet keine verworfene Unterthänigkeit, und athmet Freyheit in einem edlen Busen. Alle Ketten, von denen vergoldeten an, die man am Hofe trägt, bis zu dem schweren Eisen des Galeerensclaven, sind ihm abscheulich. Er ist ein strenger Richter seiner selbst und anderer, und nicht selten seiner so wohl, als der Welt überdrüßig.

In der Ausartung dieses Charakters neiget sich die Ernsthaftigkeit zur Schwermuth, die Andacht zur Schwärmerey, der Freyheitseifer zum Enthusiamus. Beleidigung und Ungerechtigkeit zünden in ihm Rachbegierde an. Er ist alsdann sehr zu fürchten. Er trotzet der Gefahr, und verachtet

C

achtet den Tödt. Bey der Verkehrtheit seines
Gefühls und dem Mangel einer aufgeheiterten
Vernunft verfällt er aufs Abenteuerliche. Einge=
bungen, Erscheinungen, Anfechtungen. Ist der
Verstand noch schwächer: so geräth er auf Fratzen.
Bedeutende Träume, Ahndungen und Wunderzei=
chen. Er ist in Gefahr ein Phantast oder ein
Grillenfänger zu werden.

Der von sangvinischer Gemüthsver=
fassung hat ein herrschendes Gefühl für das
Schöne. Seine Freuden sind daher lachend
und lebhaft. Wenn er nicht lustig ist, so ist er
mißvergnügt und kennet wenig die zufriedene
Stille. Manigfaltigkeit ist schön, und er liebt die
Veränderung. Er sucht die Freude in sich und
um sich, belustiget andere und ist ein guter Ge=
sellschafter. Er hat viel moralische Sympathie.
Anderer Fröhlichkeit macht ihn vergnügt, und ihr
Leid weichherzig. Sein sittliches Gefühl ist schön,
allein ohne Grundsätze, und hängt jederzeit unmit=
telbar von dem gegenwärtigen Eindrucke ab, den
die Gegenstände auf ihn machen. Er ist ein
Freund von allen Menschen, oder, welches einer=
ley sagen will, eigentlich niemals ein Freund, ob
er

er zwar gutherzig und wohlwollend ist. Er ver=
stellet sich nicht. Er wird euch heute mit seiner
Freundlichkeit und guten Art unterhalten, morgen,
wenn ihr krank oder im Unglücke seyd, wahres
und ungeheucheltes Beyleid empfinden, aber sich
sachte davon schleichen, bis sich die Umstände ge=
ändert haben. Er muß niemals Richter seyn,
Die Gesetze sind ihm gemeiniglich zu strenge, und
er läßt sich durch Thränen bestechen. Er ist ein
schlimmer Heiliger, niemals recht gut und niemals
recht böse. Er schweift öfters aus, und ist laster=
haft, mehr aus Gefälligkeit als aus Neigung. Er
ist freygebig und wohlthätig, aber ein schlechter
Zahler dessen, was er schuldig ist, weil er wohl
viel Emfindung für Güte, aber wenig für Ge=
rechtigkeit hat. Niemand hat eine so gute Mey=
nung von seinem eigenen Herzen, als er. Wenn
ihr ihn gleich nicht hochachtet: so werdet ihr ihn
doch lieben müssen. In dem größeren Verfalle sei=
nes Charakters geräth er ins Läppische, er ist tän=
delnd und kindisch. Wenn nicht das Alter noch
etwa die Lebhaftigkeit mindert, oder mehr Ver=
stand herbeybringt: so ist er in Gefahr ein alter
Geck zu werden.

C 2

Der

Der, welchen man unter der choleri=
schen Gemüthsbeschaffenheit meynet, hat ein
herrschendes Gefühl für diejenige Art des Erha=
benen, welche man das Prächtige nennen kann.
Sie ist eigentlich nur der Schimmer der Erhaben=
heit und eine stark abstechende Farbe, welche den
inneren Gehalt der Sache oder Person, der viel=
leicht nur schlecht und gemein ist, verbirgt und
durch den Schein täuschet und rühret. So wie
ein Gebäude durch eine Uebertünchung, welche ge=
hauene Steine vorstellt, einen eben so edlen Ein=
druck macht, als wenn es wirklich daraus bestünde,
und geklebte Gesimse und Pilastern die Mey=
nung von Vestigkeit geben, ob sie gleich we=
nig Haltung haben und nichts unterstützen: also
glänzen auch tombackene Tugenden, Flittergold von
Weisheit und gemaltes Verdienst.

Der Cholerische betrachtet seinen eigenen
Werth und den Werth seiner Sachen und Hand
lungen, aus dem Anstande oder dem Scheine, wo=
mit er in die Augen fällt. In Ansehung der in=
nern Beschaffenheit und der Bewegungsgründe,
die der Gegenstand selber enthält, ist er kalt, we=
der erwärmet durch wahres Wohlwollen, noch ge=
rührt

rührt durch Achtung. * Sein Betragen ist künst=
lich. Er muß allerley Standpunkte zu nehmen
wissen, um seinen Anstand aus der verschiedenen
Stellung der Zuschauer zu beurtheilen; denn er
fragt wenig darnach was er sey, sondern nur was
er scheine. Um deswillen muß er die Wirkung
auf den allgemeinen Geschmack und die mancher=
ley Eindrücke wohl kennen, die sein Verhalten
außer ihm haben wird. Da er in dieser schlauen
Aufmerksamkeit durchaus kalt Blut bedarf, und
nicht durch Liebe, Mitleiden und Theilnehmung
seines Herzens sich muß blenden lassen: so wird er
auch vielen Thorheiten und Verdrießlichkeiten ent=
gehen, in welche ein sanguinischer geräth, der durch
seine unmittelbare Empfindung bezaubert wird. Um
deßwillen scheint er gemeiniglich verständiger als
er wirklich ist. Sein Wohlwollen ist Höflichkeit,
seine Achtung Ceremonie, seine Liebe ausgesonne=
ne Schmeicheley. Er ist jederzeit voll von sich selbst,
wenn er den Anstand eines Liebhabers oder eines
Freundes annimmt, und ist niemals weder das eine,

C 3   noch

---

* Er hält sich auch so gar nur in so fern für glück=
lich, als er vermuthet, daß er dafür von andern ge=
halten wird.

noch das andere. Er sucht durch Moden zu schim=
mern: aber, weil alles an ihm künstlich und ge=
macht ist, so ist er darinnen steif und ungewandt. Er
handelt weit mehr nach Grundsätzen, als der
Sanguinische, der blos durch gelegentliche Ein=
drücke bewegt wird: aber diese sind nicht Grund=
sätze der Tugend, sondern der Ehre, und er hat
kein Gefühl für die Schönheit oder den Werth
der Handlungen, sondern für das Urtheil der
Welt, das sie davon fällen möchte. Weil sein
Verfahren, in so fern man nicht auf die Quelle
sieht, daraus es entspringt, übrigens fast eben so
gemeinnützig als die Tugend selbst ist: so erwirbt
er vor gemeinen Augen eben die Hochschätzung
als der Tugendhafte; aber für feinere Augen ver=
birgt er sich sorgfältig, weil er wohl weiß, daß die
Entdeckung der geheimen Triebfeder der Ehrbe=
gierde, ihn um die Achtung bringen würde. Er ist
daher der Verstellung sehr ergeben, in der Reli=
gion heuchlerisch, im Umgange ein Schmeichler,
in Staatspartheyen wetterwendisch nach den Um=
ständen. Er ist gern ein Sklave der Großen,
um dadurch ein Tyrann über Geringere zu wer=
den. Die Naivetät, diese edle oder schöne Ein=

falt

falt, welche das Siegel der Natur und nicht der Kunst auf sich trägt, ist ihm gänzlich fremd. Daher, wenn sein Geschmack ausartet, so wird sein Schimmer schreyend d. i. auf eine wiedrige Art prahlend. Er geräth alsdann so wohl seinem Stil als dem Auspuße nach, in den Gallimatias (das Uebertriebene) eine Art Fraßen, die in Ansehung des Prächtigen dasjenige ist, was das Abenteuerliche oder Grillenhafte in Ansehung des Ernsthaft-erhabenen. In Beleidigungen fällt er alsdann auf Zweykämpfe oder Proceße, und in dem bürgerlichen Verhältniße auf Ahnen, Vortritt und Tittel. So lange er nur noch eitel ist, d. i. Ehre sucht, und sich bemüht in die Augen zu fallen: so kann er noch wohl geduldet werden; allein wenn bey gänzlichem Mangel wirklicher Vorzüge und Talente er aufgeblasen wird: so ist er das, wofür er am mindesten gern möchte gehalten werden, nämlich ein Narr.

Da in der **phlegmatischen** Mischung keine Ingredienzien vom Erhabenen oder Schönen in sonderlich merklichem Grade hineinzukommen pflegen: so gehöret diese Gemüthseigenschaft nicht in den Zusammenhang unserer Erwegungen.

C 4   Von

Von welcher Art auch diese feinere Empfin=
dungen seyn mögen, von denen wir bis daher ge=
handelt haben, es mögen erhabene oder schöne
seyn, so haben sie doch das Schicksal gemein, daß
sie in dem Urtheile desjenigen, der kein darauf ge=
stimmtes Gefühl hat, jederzeit verkehrt und unge=
reimt scheinen. Ein Mensch von einer ruhigen
und eigennützigen Aemsigkeit, hat, so zu reden, gar
nicht die Organen, um den edlen Zug in einem
Gedichte oder in einer Heldentugend zu empfin=
den, er ließt lieber einen Robinson als einen Gran=
dison, und hält den Cato für einen eigensinnigen
Narren. Eben so scheint Personen von etwas
ernsthafter Gemüthsart dasjenige läppisch, was an=
dern reizend ist, und die gaukelnde Naivetät einer
Schäferhandlung ist ihnen abgeschmackt und kin=
disch. Auch selbst, wenn das Gemüth nicht gänz=
lich ohne ein einstimmiges feineres Gefühl ist, sind
doch die Grade der Reizbarkeit desselben sehr ver=
schieden, und man sieht, daß der eine etwas edel
und anständig findet, was dem andern zwar
groß aber abenteuerlich vorkömmt. Die Gele=
genheiten, die sich darbieten, bey unmoralischen
Dingen etwas von dem Gefühle des andern aus
zuspähen,

zuſpähen, können uns Anlaß geben, mit ziemlicher
Wahrſcheinlichkeit auch auf ſeine Empfindung, in Anſehung der höheren Gemüthseigenſchaften und ſelbſt
derer des Herzens, zu ſchließen. Wer bey einer
ſchönen Muſik lange Weile hat, giebt ſtarke Vermuthung, daß die Schönheiten der Schreibart und
die feinen Bezauberungen der Liebe wenig Gewalt
über ihn haben werden.

Es iſt ein gewiſſer Geiſt der Kleinigkeiten,
(eſprit des baggatelles,) welcher eine Art von
feinem Gefühle anzeigt, welches aber gerade auf
das Gegentheil von dem Erhabenen abzielt. Ein
Geſchmack für etwas, weil es ſehr künſtlich
und mühſam iſt, Verſe die ſich vor und rückwärts leſen laſſen, Räthſel, Uhren in Ringen,
Flohketten ꝛc. ꝛc.; ein Geſchmack für alles, was
abgezirkelt und auf peinliche Weiſe ordentlich, obzwar ohne Nutzen iſt, z. E. Bücher, die fein zierlich in langen Reihen im Bücherſchranke ſtehen,
und ein leerer Kopf, der ſie anſieht und ſich erfreuet; Zimmer, die wie optiſche Kaſten geziert und
überaus ſauber gewaſchen ſind, zuſammt einem
ungaſtfreyen und mürriſchen Wirthe, der ſie be-

C 5   wohnt.

wohnt. Ein Geschmack an allem demjenigen was
selten ist, so wenig wie es auch sonsten den innern
Werth haben mag. Epiktets Lampe, ein Hand-
schuh vom König Carl den zwölften; in gewisser
Art schlägt die Münzensucht mit hierauf ein.
Solche Personen stehen sehr im Verdachte, daß sie
in den Wissenschaften Grübler und Grillenfänger,
in den Sitten aber für alle das, was auf freye
Art schön oder edel ist, ohne Gefühl seyn werden.

Man thut einander zwar Unrecht, wenn man
denjenigen, der den Werth, oder die Schönheit dessen,
was uns rührt, oder reizt, nicht einsieht, damit
abfertigt, daß er es nicht verstehe. Es kömmt hiebey nicht so sehr darauf an, was der Verstand
einsehe, sondern was das Gefühl empfinde. Gleichwohl haben die Fähigkeiten der Seele einen so
großen Zusammenhang, daß man mehrentheils
von der Erscheinung der Empfindung auf die Talente der Einsicht schließen kann. Denn es würden demjenigen, der viele Verstandesvorzüge hat,
diese Talente vergeblich ertheilet seyn, wenn er
nicht zugleich starke Empfindung für das wahr-
haftig Edle oder Schöne hätte, welche die Trieb-

feder seyn muß jene Gemüthsgaben wohl und regelmäßig anzuwenden. *

Es ist einmal gebräuchlich, nur' dasjenige
nützlich zu nennen, was unserer gröbern Empfindung
ein Gnüge leisten kann, was uns Ueberfluß im Es-
sen und Trinken, Aufwand in Kleidung und in
Hausgeräthe, imgleichen Verschwendung in Gasse-
reyen verschaffen kann, ob ich gleich nicht sehe, warum
nicht alles, nur immer meinem lebhaftesten Gefühle erwünscht ist, ebenso wohl denen nützlichen Dingen sollte beygezehlt werden. Allein, alles gleichwohl
auf diesen Fuß genommen, so ist derjenige, welchen
der

* Man sieht auch, daß eine gewisse Feinheit des
Gefühls einem Menschen zum Verdienste angerechnet wird. Daß jemand in Fleisch oder Kuchen eine gute Mahlzeit thun kann, imgleichen daß er un-
vergleichlich wohl schläft, das wird man ihm wohl
als ein Zeichen eines guten Magens, aber nicht als
ein Verdienst auslegen. Dagegen, wer einen Theil
seiner Mahlzeit dem Anhören einer Musik aufopfert
oder bey einer Schilderey sich in eine angenehme
Zerstreuung vertiefen kann, oder einige witzige Sachen, wenn es auch nur poetische Kleinigkeiten wären, gern liest, hat doch fast in jedermanns Augen
den Anstand eines feineren Menschen, von dem man
eine vortheilhaftere und für ihn rühmlichere Meynung hat.

der Eigennutz beherrschet, ein Mensch, mit welchem man über den feineren Geschmack niemals vernünfteln muß. Ein Huhn ist freylich in solchem Betracht besser als ein Papagey, ein Kochtopf nützlicher als ein Porcellängeschirr, alle witzige Köpfe in der Welt gelten nicht den Werth eines Bauren, und die Bemühung, die Weite der Firsterne zu entdecken, kann so lange ausgesetzt bleiben, bis man übereingekommen seyn wird, wie der Pflug auf das vortheilhafteste könne geführt werden. Allein welche Thorheit ist es, sich in einen solchen Streit einzulassen, wo es unmöglich ist, sich einander auf einstimmige Empfindungen zu führen, weil das Gefühl gar nicht einstimmig ist. Gleichwohl wird doch ein Mensch von der gröbsten und gemeinsten Empfindung wahrnehmen können, daß die Reize und Annehmlichkeiten des Lebens, welche die entbehrlichsten zu seyn scheinen, unsere meiste Sorgfalt auf sich ziehen, und daß wir wenig Triebfedern zu so vielfältigen Bemühungen übrig haben würden, wenn wir jene ausschließen wollten. Imgleichen ist wohl niemand so grob, daß er nicht empfinde, daß eine sittliche Handlung, wenigstens an einem andern, um desto mehr rühre, je weiter sie vom Eigennutze ist, und je mehr jene edlere Antriebe in ihr hervorstechen.

Wenn

Wenn ich die edele und schwache Seite der Menschen wechselsweise bemerke, so verweise ich es mir selbsten, daß ich nicht denjenigen Standpunkt zu nehmen vermag, von dem diese Abstechungen das große Gemälde der ganzen menschlichen Natur gleich wohl in einer rührenden Gestalt darstellen. Denn ich bescheide mich gern, daß, so fern es zu dem Entwurfe der großen Natur gehöret, diese groteske Stellungen nicht anders als einen edelen Ausdruck geben können; ob man schon viel zu kurzsichtig ist, sie in diesem Verhältnisse zu übersehen. Um indessen doch einen schwachen Blick hierauf zu werfen: so glaube ich folgendes anmerken zu können. Dererjenigen unter den Menschen, die nach Grundsätzen verfahren, sind nur sehr wenige, welches auch überaus gut ist, da es so leicht geschehen kann, daß man in diesen Grundsätzen irre, und alsdann der Nachtheil, der daraus erwächst, sich um desto weiter erstreckt, je allgemeiner der Grundsatz und je standhafter die Person ist, die ihn sich vorgesetzt hat. Derer, so aus gutherzigen Trieben handeln, sind weit mehrere, welches äußerst vortrefflich ist, ob es gleich einzeln nicht als ein sonderliches Verdienst der Person kann angerechnet

rechnet werden; denn diese tugendhafte Instinkte fehlen wohl bisweilen, allein im Durchschnitte leisten sie eben so wohl die große Absicht der Natur, wie die übrigen Instinkten, die so regelmäßig die thierische Welt bewegen. Derer, die ihr allerliebstes Selbst, als den einzigen Beziehungspunkt ihrer Bemühungen, starr vor Augen haben, und die um den Eigennutz, als um die große Achse, alles zu drehen suchen, giebt es die meisten, worüber auch nichts vortheilhafteres seyn kann, denn diese sind die ämsigsten, ordentlichsten und behutsamsten; sie geben dem Ganzen Haltung und Vestigkeit, indem sie auch ohne ihre Absicht gemeinnützig werden, die nothwendigen Bedürfnisse herbeyschaffen, und die Grundlage liefern, über welche feinere: Seelen Schönheit und Wohlgereimtheit verbreiten können. Endlich ist die Ehrliebe in aller Menschen Herzen, obzwar in ungleichem Maaße, verbreitet worden, welches dem Ganzen eine bis zur Bewunderung reizende Schönheit geben muß. Denn wiewohl die Ehrbegierde ein thörichter Wahn ist, so fern er zur Regel wird, der man die übrigen Neigungen unterordnet; so ist sie doch als ein begleitender Trieb äußerst vortrefflich. Denn indem ein jeder

auf

auf der großen Bühne, seinen herrschenden Neigungen gemäß, die Handlungen verfolgt: so wird er zugleich durch einen geheimen Antrieb bewogen, in Gedanken außer sich selbst einen Standpunkt zu nehmen, um den Anstand zu beurtheilen, den sein Betragen hat, wie es aussehe und dem Zuschauer in die Augen falle. Dadurch vereinbaren sich die verschiedenen Gruppen in ein Gemälde von prächtigem Ausdrucke, wo mitten unter großer Mannigfaltigkeit Einheit hervorleuchtet, und das Ganze der moralischen Natur Schönheit und Würde an sich zeiget.

Dritter Abschnitt.

Von dem Unterschiede des Erhabenen und Schönen in dem Gegenverhältnisse beyder Geschlechter.

Derjenige, so zuerst das Frauenzimmer unter dem Namen des schönen Geschlechts begriffen hat, kann vielleicht etwas schmeichelhaftes haben sagen wollen: aber er hat es besser getroffen, als er wohl selbst geglaubt haben mag. Denn, ohne

ohne in Erwegung zu ziehen, daß ihre Gestalt über=
haupt feiner, ihre Züge zärter und sanfter, ihre
Mine im Ausdrucke der Freundlichkeit, des Scher=
zes und der Leutseligkeit bedeutender und einneh=
mender ist, als bey dem männlichen Geschlechte: ohne
auch dasjenige zu vergessen, was man für die ge=
heime Zauberkraft abrechnen muß, wodurch sie unse=
re Leidenschaft zum vortheilhaften Urtheile für sie ge=
neigt machen: so liegen vornehmlich in den Gemüths=
charakter dieses Geschlechtes eigenthümliche Züge,
die es von dem unseren deutlich unterscheiden, und
die darauf haupsächlich hinauslaufen, sie durch das
Merkmaal des Schönen kenntlich zu machen. An=
derer Seits könnten wir auf die Benennung des
edlen Geschlechtes Anspruch machen, wenn es
nicht auch von einer edlen Gemüthsart erfordert
würde, Ehrennamen abzulehnen und sie lieber zu
ertheilen als zu empfangen. Hiedurch wird nun
nicht verstanden, daß das Frauenzimmer edeler Ei=
genschaften ermangelte, oder das männliche Ge=
schlecht der Schönheiten gänzlich entbehren müßte:
vielmehr erwartet man, daß ein jedes Geschlecht
beyde vereinbare, doch so, daß von einem Frauen=
zimmer alle andere Vorzüge sich nur dazu vereini=

gen

gen follen, um den Charakter des Schönen zu
erhöhen, welcher der eigentliche Beziehungspunkt ist,
und dagegen unter den männlichen Eigenschaften
das Erhabene, als das Kennzeichen seiner Art,
deutlich hervorsteche. Hierauf müssen alle Urtheile
von diesen zwo Gattungen, so wohl die rühmliche,
als die des Tadels sich beziehen. Alle Erziehung und
Unterweisung muß dieses vor Augen haben, und alle
Bemühung die sittliche Vollkommenheit des einen
oder des andern befördern; wo man nicht den
reizenden Unterschied unkenntlich machen will, den
die Natur zwischen zwo Menschengattungen hat
treffen wollen. Denn es ist hier nicht genug sich
vorzustellen, daß man Menschen vor sich habe: man
muß auch zugleich nicht aus der Acht lassen, daß
diese Menschen nicht von einerley Art sind.

Das Frauenzimmer hat ein angebohrnes stär=
keres Gefühl für alles was schön, zierlich und ge=
schmückt ist. Schon in der Kindheit sind sie gern
geputzt und gefallen sich, wenn sie geziert sind. Sie
sind reinlich und sehr zärtlich in Ansehung alles des=
sen, was Ekel verursacht. Sie lieben den Scherz,
und können durch Kleinigkeiten, wenn sie nur mun=
ter und lachend sind, unterhalten werden. Sie ha=

D   ben

ben sehr früh ein sittsames Wesen an sich, wissen sich einen feinen Anstand zu geben und besitzen sich selbst; und dieses in einem Alter, wenn unsere wohlerzogene männliche Jugend noch unbändig, tölpisch und verlegen ist. Sie haben viel theilneh= mende Empfindungen, Gutherzigkeit und Mitleiden, ziehen das Schöne den Nützlichen vor, und werden den Ueberfluß des Unterhaltes gern in Sparsamkeit verwandeln, um den Aufwand auf das Schimmern= de und den Putz zu unterstützen. Sie sind von sehr zärtlicher Empfindung in Ansehung der mindesten Beleidigung, und überaus fein, den geringsten Mangel der Aufmerksamkeit und Achtung gegen sie zu bemerken. Kurz, sie enthalten in der menschli= chen Natur den Hauptgrund der Abstechung der schönen Eigenschaften mit den edelen, und verfeinern selbst das männliche Geschlecht.

Man wird mir hoffentlich die Herzählung der männlichen Eigenschaften, in so fern sie jenen pa= rallel sind, schenken, und sich befriedigen, beyde nur in der Gegeneinanderhaltung zu betrachten. Das schöne Geschlecht hat eben so wohl Verstand, als das männliche, es ist nur ein schöner Verstand, der unsrige soll ein tiefer Verstand seyn, wel=

ches

ches ein Ausdruck ist, der einerley mit dem Erhabenen bedeutet.

Zur Schönheit aller Handlungen gehöret vornehmlich, daß sie Leichtigkeit an sich zeigen und ohne
peinliche Bemühung scheinen vollzogen zu werden;
dagegen Bestrebungen und überwundene Schwierigkeiten Bewunderung erregen und zum Erhabenen
gehören. Tiefes Nachsinnen und eine lange fortge-
setze Betrachtung sind edel, aber schwer, und schicken
sich nicht wohl für eine Person, bey der nie unge-
zwungene Reize nichts anders, als eine schöne Natur
zeigen sollen. Mühsames Lernen oder peinliches
Grübeln, wenn es gleich ein Frauenzimmer darin
hoch bringen sollte, vertilgen die Vorzüge, die ihrem
Geschlechte eigenthümlich sind, und können dieselbe
wohl um der Seltenheit willen zum Gegenstande einer kalten Bewunderung machen: aber sie werden
zugleich die Reize schwächen, wodurch sie ihre große
Gewalt über das andere Geschlecht ausüben. Ein
Frauenzimmer, das den Kopf voll Griechisch hat, wie
die Frau Dacier, oder über die Mechanik gründliche
Streitigkeiten führt, wie die Marquisin von Cha-
stelet, mag nur immerhin noch einen Bart dazu haben; denn dieser würde vielleicht die Mine des

Tief=

Tiefsinnes noch kenntlicher ausdrücken, um welchen
sie sich bewerben. Der schöne Verstand wählt zu
seinen Gegenständen alles, was mit dem feineren
Gefühle nahe verwandt ist, und überläßt abstrakte
Spekulationen oder Kenntnisse, die nützlich aber tro=
cken sind, dem ämsigen, gründlichen und tiefen Ver=
stande. Das Frauenzimmer wird demnach keine
Geometrie lernen; es wird vom Satze des zurei=
chenden Grundes, oder den Monaden nur so
viel wissen, als nöthig ist, um das Salz in den
Spottgedichten zu vernehmen, welche die seichten
Grübler unsers Geschlechts durchgezogen haben.
Die Schönen können den Cartesius seine Wirbel im=
mer drehen lassen, ohne sich darum zu bekümmern,
wenn auch der artige Fontenelle ihnen unter
den Wandelsternen Gesellschaft leisten wollte, und
die Anziehung ihrer Reize verliert nichts von ihrer
Gewalt, wenn sie gleich nichts von allem dem wis=
sen, was Algarotti zu ihrem Besten von den
Anziehungskräften den groben Materien nach dem
Newton anzuzeichnen bemühet gewesen. Sie wer=
den in der Geschichte sich nicht den Kopf mit
Schlachten, und in der Erdbeschreibung nicht mit
Vestungen anfüllen; denn es schicket sich für sie

eben

eben so wenig, daß sie nach Schießpulver, als für die Mannspersonen, daß sie nach Biesam rie= chen sollen.

Es scheint eine boshafte List der Mannsper= sonen zu seyn, daß sie das schöne Geschlecht zu die= sem verkehrten Geschmacke haben verleiten wollen. Denn wohl bewußt ihrer Schwäche, in Ansehung der natürlichen Reize desselben, und daß ein einziger schalkhafter Blick sie mehr in Verwirrung setze, als die schwerste Schulfrage, sehen sie sich, so bald das Frauenzimmer in diesen Geschmack einschlägt, in ei= ner entschiedenen Ueberlegenheit, und sind in dem Vortheile, den sie sonst schwerlich haben würden, mit einer großmüthigen Nachsicht den Schwächen ihrer Eitelkeit aufzuhelfen. Der Innhalt der großen Wissenschaft des Frauenzimmers ist vielmehr der Mensch, und unter den Menschen der Mann. Ihre Weltweisheit ist nicht Vernünfteln, sondern Empfin= den. Bey der Gelegenheit, die man ihnen geben will, ihre schöne Natur auszubilden, muß man dieses Verhältniß jederzeit vor Augen haben. Man wird ihr gesamtes moralisches Gefühl und nicht ihr Ge= dächtniß zu erweitern suchen, und zwar nicht durch allgemeine Regeln, sondern durch einiges Urtheil

über

über das Betragen, welches sie um sich sehen. Die
Beyspiele, die man aus andern Zeiten entlehnet,
um den Einfluß einzusehen, den das schöne Ge=
schlecht in die Weltgeschäffte gehabt hat, die man=
cherley Verhältnisse, darinnen es in andern Zeitaltern
oder in fremden Landen gegen das männliche gestan=
den der Charakter beyder, so fern; er sich hierdurch
erläutern läßt, und der veränderliche Geschmack der
Vergnügungen, machen ihre ganze Geschichte und
Geographie aus. Es ist schön, daß einem Frauen=
zimmer der Anblick einer Charte, die entweder den
ganzen Erdkreis oder die vornehmsten Theile der
Welt vorstellt, angenehm gemacht werde. Dieses ge=
schieht dadurch, daß man sie nur in der Absicht vor=
legt, um die unterschiedlichen Charaktere der Völker,
die sie bewohnen, die Verschiedenheiten ihres Ge=
schmacks und sittlichen Gefühls, vornehmlich in An=
sehung der Wirkung, die diese auf die Geschlechter=
verhältnisse haben, dabey zu schildern; mit einigen
leichten Erläuterungen aus der Verschiedenheit der
Himmelsstriche, ihrer Freyheit oder Sclaverey. Es
ist wenig daran gelegen, ob sie die besonderen Abthei=
lungen dieser Länder, ihr Gewerbe, Macht und Be=
herrscher wissen oder nicht. Eben so werden sie von
dem

dem Weltgebäude nichts mehr zu kennen nöthig haben, als nöthig ist, den Anblick des Himmels an einem schönen Abende ihnen rührend zu machen wenn
sie einigermaßen begriffen haben, daß noch mehr
Welten und daselbst noch mehr schöne Geschöpfe anzutreffen seyn. Gefühl für Schildereyen von Ausdrucke, und für die Tonkunst, nicht in so fern sie
Kunst sondern Empfindung äußert, alles dieses verfeinert oder erhebt den Geschmack dieses Geschlechts,
und hat jederzeit einige Verknüpfung mit sittlichen
Regungen. Niemals ein kalter und spekulativer
Unterricht, jederzeit Empfindungen, und zwar die so
nahe wie möglich bey ihrem Geschlechtverhältnisse
bleiben. Diese Unterweisung ist darum so selten,
weil sie Talente, Erfahrenheit und ein Herz voll Gefühl erfodert, und jeder andern kann das Frauenzimmer sehr wohl entbehren, wie es denn auch ohne
diese sich von selbst gemeiniglich sehr wohl ausbildet.

Die Tugend des Frauenzimmers ist eine schöne Tugend. * Die, des männlichen Geschlechts,

D 4 soll-

* Diese wurde oben, Seite 24, in einem strengen Urtheile adoptirte Tugend genannt; hier, da sie um des
Geschlechtscharakters willen eine günstige Rechtferti-
gung verdienet, heißt sie überhaupt eine schöne Tugend.

soll eine edele Tugend seyn. Sie werd'n das
Böse vermeiden, nicht weil es unrecht, sondem weil
es häßlich ist, und tugendhafte Handlungen bedeuten bey ihnen solche, die sittlich schön sind. Nichts
von Sollen, nichts von Müssen, nichts von Schul-
digkeit. Das Frauenzimmer ist aller Befehle und alles mürrischen Zwanges unleidlich. Sie thun etwas
nur darum, weil es ihnen so beliebt, und die Kunst
besteht darinnen, zu machen, daß ihnen nur dasjenige beliebe, was gut ist. Ich glaube schwerlich, daß
das schöne Geschlecht der Grundsätze fähig sey, und
ich hoffe dadurch nicht zu beleidigen, denn diese sind
auch äußerst selten beym männlichen. Dafür aber
hat die Vorsehung in ihrem Busen gütige und wohl-
wollende Empfindungen, ein feines Gefühl für An-
ständigkeit, und eine gefällige Seele gegeben. Man
fodere ja nicht Aufopferungen und großmüthigen
Selbstzwang. Ein Mann muß es seiner Frau
niemals sagen, wenn er einen Theil seines Vermö-
gens um einen Freund in Gefahr setze. Warum
will er ihre muntere Gesprächigkeit fesseln, dadurch,
daß er ihr Gemüth mit einem wichtigen Geheimnisse
belästiget, dessen Aufbewahrung ihm allein obliegt?
Selbst viele von ihren Schwachheiten sind, so zu reden,

den, schöne Fehler. Beleidigung oder Unglück bewegen ihre zarte Seele zur Wehmuth. Der Mann muß niemals andre als großmüthige Thränen weinen. Die, so er in Schmerzen oder über Glücksumstände vergießt, machen ihn verächtlich. Die Eitelkeit, die man dem schönen Geschlechte so vielfältig vorrückt, wofern sie ja an demselben ein Fehler ist, so ist sie nur ein schöner Fehler. Denn zu geschweigen, daß die Mannspersonen, die dem Frauenzimmer so gern schmeicheln, übel daran seyn würden, wenn dieses nicht geneigt wäre, es wohl aufzunehmen, so beleben sie dadurch wirklich ihre Reize. Diese Neigung ist ein Antrieb, Annehmlichkeiten und den guten Anstand zu zeigen, ihren muntern Witz spielen zu lassen, ingleichen durch die veränderlichen Erfindungen des Putzes zu schimmern, und ihre Schönheit zu erhöhen. Hierinnen ist nun so gar nichts Beleidigendes für andere, sondern vielmehr, wenn es mit guten Geschmacke gemacht wird, so viel artiges, daß es sehr ungezogen ist, dagegen mit mürrischem Tadel loszuziehen. Ein Frauenzimmer, das hierinnen gar zu flatterhaft und gaukelnd ist, heißt eine Närrinn; welcher Ausdruck gleichwohl keine so harte Bedeutung hat als mit veränderter Endsylbe

beym

beym Manne, so gar, daß, wenn mann sich unter=
einander versteht, es wohl bisweilen eine vertrauliche
Schmeicheley anzeigen kann. Wenn die Eitelkeit
ein Fehler ist, der an einem Frauenzimmer sehr
wohl Entschuldigung verdient: so ist das aufgebla=
sene Wesen an ihnen nicht allein, so wie an Men=
schen überhaupt, tadelhaft, sondern verunstaltet
gänzlich ihren Geschlechtscharakter. Denn diese
Eigenschaft ist überaus dumm und häßlich und dem
einnehmenden bescheidenen Reize gänzlich entgegen
gesetzt. Alsdann ist eine solche Person in einer
schlüpfrigen Stellung. Sie wird sich gefallen lassen
ohne alle Nachsicht und scharf beurtheilt zu werden;
denn wer auf Hochachtung pocht, fodert alles um sich
zum Tadel auf. Eine jede Entdeckung auch des
mindesten Fehlers macht jedermann eine wahre Freu=
de, und das Wort, Närrinn, verliert hier seine ge=
milderte Bedeutung. Man muß Eitelkeit und Auf=
geblasenheit jederzeit unterscheiden. Die erstere
sucht Beyfall und ehret gewisser maßen diejenige,
um deren willen sie sich diese Bemühung giebt; die
zweyte glaubt sich schon in dem völligen Besitze des=
selben, und indem sie keinen zu erwerben bestrebt,
so gewinnt sie auch keinen.

Wenn

Wenn einige Ingredienzien von Eitelkeit ein Frauenzimmer in den Augen des männlichen Geschlechts gar nicht venunzieren: so dienen sie doch, je sichtbarer sie sind, um desto mehr das schöne Geschlecht unter einander zu veruneinigen. Sie beurtheilen einander alsdann sehr scharf, weil eine der anderen Reize zu verdunkeln scheint, und es sind auch wirklich diejenigen, die noch starke Anmaßungen auf Eroberung machen, selten Freundinnen von einander im wahren Verstande.

Dem Schönen ist nichts so sehr entgegengesetzt als der Eckel, so wie nichts tiefer unter das Erhabene sinkt als das Lächerliche. Daher kann einem Manne kein Schimpf empfindlicher seyn, als daß er ein Narr, und einem Frauenzimmer, daß sie ekelhaft genannt werde. Der englische Zuschauer hält dafür: daß einem Manne kein Vorwurf könne gemacht werden, der kränkender sey, als wenn er für einen Lügner, und einem Frauenzimmer keiner bitterer, als wenn sie für unkeusch gehalten wird. Ich will dieses, in so fern es nach der Strenge der Moral beurtheilt wird, in seinem Werthe lassen. Allein hier ist die Frage nicht, was an sich selbst den größesten Tadel verdiene, sondern was wirklich am allerhärtesten

härtesten empfunden werde. Und da frage ich einen jeden Leser, ob, wenn er sich in Gedanken auf diesen Fall setzt, er nicht meiner Meynung beystimmen müsse. Die Jungfer Ninen Lenclos machte nicht die mindesten Ansprüche auf die Ehre der Keuschheit, und gleichwohl würde sie unerbittlich beleidigt worden seyn, wenn einer ihrer Liebhaber sich in seinem Urtheile so weit sollte vergangen haben; und man weiß das grausame Schicksal des Monaldeschi, um eines beleidigenden Ausdruckes willen von solcher Art, bey einer Fürstinn, die eben keine Lukretia hat vorstellen wollen. Es ist unausstehlich, daß man nicht einmal sollte Böses thun können, wenn man gleich wollte, weil auch die Unterlassung desselben alsdann jederzeit nur eine sehr zweydeutige Tugend ist.

Um von diesem Ekelhaften sich so weit, als möglich, zu entfernen, gehöret die Reinlichkeit, die zwar einem jeden Menschen wohl ansteht, bey dem schönen Geschlechte unter die Tugenden vom ersten Range, und kann schwerlich von demselben zu hoch getrieben werden, da sie gleichwohl an einem Manne bisweilen zum Uebermaaße steigt und alsdann läppisch wird.

Die

Die Schamhaftigkeit ist ein Geheimniß
der Natur, so wohl einer Neigung Schranken zu
setzen, die sehr unbändig ist, und, indem sie den Ruf
der Natur vor sich hat, sich immer mit guten sittli=
chen Eigenschaften zu vertragen scheint, wenn sie
gleich ausschweift. Sie ist demnach als ein Sup,
plement der Grundsätze höchst nöthig; denn es
giebt keinen Fall, da die Neigung so leicht zum So=
phisten wird, gefällige Grundsätze zu erklügeln, als
hier. Sie dient aber auch zugleich, um einen
geheimnißvollen Vorhang selbst vor die geziemend=
sten und nöthigsten Zwecke der Natur zu ziehen, da=
mit die gar zu geheime Bekanntschaft mit densel=
ben nicht Ekel, oder zum mindesten Gleichgültigkeit
veranlasse, in Ansehung der Endabsichten eines Trie=
bes, worauf die feinsten und lebhaftesten Neigun=
gen der menschlichen Natur gepropft sind. Diese
Eigenschaft ist dem schönen Geschlechte vorzüglich ei=
gen, und ihm sehr anständig. Es ist auch eine plum=
pe und verächtliche Ungezogenheit durch die Art pö=
belhafter Scherze, welche man Zoten nennt, die
zärtliche Sittsamkeit desselben in Verlegenheit oder
Unwillen zu setzen. Weil indessen, man mag nun
um das Geheimniß so weit herumgehen, als man
immer

immmer will, die Geschlechterneigung doch allen den
übrigen Reizen endlich zum Grunde liegt, und ein
Frauenzimmer, immer als ein Frauenzimmer, der an=
genehme Gegenstand einer wohlgesitteten Unterhal=
tung ist: so möchte daraus vielleicht zu erklären seyn,
warum sonst artige Mannspersonen sich bisweilen
die Freyheit nehmen, durch den kleinen Muthwillen
ihrer Scherze einige feine Anspielungen durchschei=
nen zu lassen, welche machen, daß man sie l o s e oder
s c h a l k h a f t nennet, und wo, indem sie weder durch
ausspähende Blicke beleidigen, noch die Achtung zu
verletzen gedenken, glauben, berechtigt zu seyn, die
Person, die es mit unwilliger und spröder Mine
aufnimmt, eine Ehrbarkeitspedantinn zu nennen.
Ich führe dieses nur an, weil es gemeiniglich als
ein etwas kühner Zug vom schönen Umgange ange=
sehen wird, auch in der That von je her viel Witz
darauf verschwendet worden ist: was aber das Ur=
theil nach moralischer Strenge anlangt, so gehöret
das nicht hieher, da ich in der Empfindung des
Schönen nur die Erscheinungen zu beobachten und
zu erläutern habe.

Die edlen Eigenschaften dieses Geschlechts, wel=
che jedoch, wie wir schon angemerkt haben, niemals

das

das Gefühl des Schönen unkenntlich machen müſſen,
kündigen ſich durch nichts deutlicher und ſicherer an,
als durch die Beſcheidenheit, einer Art von
edler Einfalt und Naivetät bey großen Vorzügen.
Aus derſelben leuchtet eine ruhige Wohlgewogenheit und Achtung gegen andere hervor, zugleich mit
einem gewiſſen edlen Zutrauen auf ſich ſelbſt,
und einer billigen Selbſtſchätzung verbunden, welche
bey einer erhabenen Gemüthsart jederzeit anzutreffen
iſt. Indem dieſe feine Miſchung zugleich durch
Reize einnimmt und durch Achtung rührt: ſo ſtellt
ſie alle übrige ſchimmernde Eigenſchaften wider den
Muthwillen des Tadels und der Spottſucht in
Sicherheit. Perſonen von dieſer Gemüthsart haben
auch ein Herz zur Freundſchaft, welches an einem
Frauenzimmer niemals kann hoch genug geſchätzt
werden, weil es ſo gar ſelten iſt und zugleich ſo überaus reizend ſeyn muß.

Da unſere Abſicht iſt, über Empfindungen zu
urtheilen, ſo kann es nicht unangenehm ſeyn, die
Verſchiedenheit des Eindrucks, den die Geſtalt und
Geſichtszüge des ſchönen Geſchlechts auf das männ-
liche machen, wo möglich unter Begriffe zu bringen.
Dieſe ganze Bezauberung iſt im Grunde über den

Ge=

Geſchlechtertrieb verbreitet. Die Natur verfolgt
ihre große Abſicht, und alle Reinigkeiten die ſich hin=
zugeſellen, ſie mögen nun ſo weit davon abzuſtehen
ſcheinen, wie ſie wollen, ſind nur Verbrämungen, und
entlehnen ihren Reiz doch am Ende aus eben derſel=
ben Quelle. Ein geſunder und derber Geſchmack,
der ſich jederzeit ſehr nahe bey dieſem Triebe hält,
wird durch die Reize des Anſtandes, der Geſichts=
züge, der Augen ꝛc. ꝛc. an einem Frauenzimmer we=
nig angefochten, und indem er eigentlich nur aufs
Geſchlecht geht, ſo ſieht er mehrentheils die Delica=
teſſe anderer für leere Tändeley an.

Wenn dieſer Geſchmack gleich nicht fein iſt,
ſo iſt er deswegen doch nicht zu verachten. Denn
der größeſte Theil der Menſchen befolget vermittelſt
deſſelben die große Ordnung der Natur auf eine ſehr
einfältige und ſichere Art. * Dadurch werden die
meiſten

---

* Wie alle Dinge in der Welt auch ihre ſchlimme
Seite haben, ſo iſt bey dieſem Geſchmacke nur zu
bedauern, daß er leichter als ein anderer in Lüder=
lichkeit ausartet. Denn weil das Feuer, das eine
Perſon entzündet hat, eine jede andere wieder lö=
ſchen kann: ſo ſind nicht genug Schwierigkeiten da,
die eine unbändige Neigung einſchränken könnten.

meisten Ehen bewirkt und zwar von dem ämsigsten
Theile des menschlichen Geschlechts, und indem der
Mann den Kopf nicht von bezaubernden Minen=
schmachtenden Augen, edlem Anstande ꝛc. ꝛc. voll
hat, auch nichts von allem diesem versteht: so wird
er desto aufmerksamer auf haushälterische Tugen=
den, Sparsamkeit ꝛc. ꝛc. und auf das Eingebrachte.
Was den etwas feineren Geschmack anlangt, um
dessentwillen es nöthig seyn möchte, einen Unter=
schied unter den äußerlichen Reizen des Frauen=
zimmers zu machen: so ist derselbe entweder auf
das, was in der Gestalt und dem Ausdrucke des
Gesichts moralisch ist, oder auf das unmorali=
sche geheftet. Ein Frauenzimmer wird in An=
sehung der Annehmlichkeiten von der letzteren Art
hübsch genannt. Ein proportionirlicher Bau, re=
gelmäßige Züge, Farben von Auge und Gesichte, die
zierlich abstechen, lauter Schönheiten die auch an
einem Blumenstrauße gefallen und einen kalten
Beyfall erwerben. Das Gesicht selber sagt nichts,
ob es gleich hübsch ist, und redet nicht zum Her=
zen. Was den Ausdruck der Züge, der Augen
und der Minen anlangt, der moralisch ist: so geht
er entweder auf das Gefühl des Erhabenen, oder

E   des

des Schönen. Ein Frauenzimmer an welchem
die Annehmlichkeiten, die ihrem Geschlechte geziemen, vornehmlich den moralischen Ausdruck des Erhabenen hervorstechen lassen, heißt schön im eigentlichen Verstande; diejenige, deren moralische
Zeichnung, so fern sie in den Minen oder Gesichtszügen sich kennbar macht, die Eigenschaften
des Schönen ankündigt, ist annehmlich, und
wenn sie es in einem höhern Grade ist, reizend.
Die erstere läßt unter einer Mine von Gelassenheit und einem edlen Anstande den Schimmer eines schönen Verstandes aus bescheidenen Blicken
hervorspielen, und, indem sich in ihrem Gesichte
ein zärtlich Gefühl und wohlwollendes Herz abmalt: so bemächtigt sie sich so wohl der Neigung
als der Hochachtung eines männlichen Herzens.
Die zweyte zeiget Munterkeit und Witz in lachenden Augen, etwas feinen Muthwillen, das
Schäckerhafte der Scherze und schalkhafte Sprödigkeit. Sie reizt, wenn die erstere rührt, und
das Gefühl der Liebe, dessen sie fähig ist und welche sie anderen einflößt, ist flatterhaft, aber schön;
dagegen die Empfindung der ersteren zärtlich, mit
Achtung verbunden und beständig ist. Ich mag
mich

mich nicht in gar zu ausführliche Zergliederungen
von dieser Art einlassen; denn in solchen Fällen
scheint der Verfasser jederzeit seine eigene Nei=
gung zu malen. Indessen berühre ich noch: daß
der Geschmack, den viele Damen an einer gesun=
den aber blassen Farbe finden, sich hier verstehen
lasse. Denn diese begleitet gemeiniglich eine Ge=
müthsart von mehr innerem Gefühle und zärtlicher
Empfindung, welches zur Eigenschaft des Erhabe=
nen gehöret, dagegen die rothe und blühende Farbe
weniger von der ersteren, allein mehr von der frö=
lichen und muntern Gemüthsart ankündigt; es
ist aber der Eitelkeit gemäßer zu rühren und zu
fesseln, als zu reizen und anzulocken. Es können
dagegen Personen ohne alles moralische Gefühl,
und ohne einigen Ausdruck, der auf Empfindungen
deutete, sehr hübsch seyn; allein sie werden weder
rühren noch reizen, es sey denn denjenigen der=
ben Geschmack, von dem wir Erwehnung gethan
haben, welcher sich bisweilen etwas verfeinert und
dann nach seiner Art auch wählet. Es ist schlimm,
daß dergleichen schöne Geschöpfe leichtlich in den
Fehler der Aufgeblasenheit verfallen, durch das
Bewußtseyn der schönen Figur, die ihnen ihr Spie=

gel

gel zeigt, und aus einem Mangel feinerer Empfindungen; da sie dann alles gegen sich kaltsinnig
machen, den Schmeichler ausgenommen, der auf
Absichten ausgeht und Ränke schmiedet.

Man kann nach diesen Begriffen vielleicht
etwas von der so verschiedenen Wirkung verstehen,
die die Gestalt eben desselben Frauenzimmers auf
den Geschmack der Männer thut. Dasjenige, was
in diesem Eindrucke sich zu nahe auf den Ge-
schlechtertrieb bezieht und mit dem besondern
wollüstigen Wahne, darinn sich eines jeden Empfindung einkleidet, einstimmig seyn mag, berühre
ich nicht, weil es außer dem Bezirke des feinern
Geschmackes ist; und es kann vielleicht, richtig
seyn, was der Herr v. Buffon vermuthet, daß diejenige Gestalt, die den ersten Eindruck macht, zu
der Zeit, wenn dieser Trieb noch neu ist und sich
zu entwickeln anfängt, das Urbild bleibe, worauf
zu der künftigen Zeit alle weibliche Bildungen
mehr oder weniger einschlagen müssen, welche die
phantastische Sehnsucht rege machen können', dadurch eine ziemlich grobe Neigung unter den verschiedenen Gegenständen eines Geschlechts zu wäh-
len genöthigt wird. Was den etwas feineren
Ge-

Geschmack anlangt, so behaupte ich, daß dieje=
nige Art von Schönheit, welche wir die hüb=
sche Gestalt genannt haben, von allen Män=
nern ziemlich gleichförmig beurtheilt werde, und
daß darüber die Meynungen nicht so verschieden
seyn, wie man wohl gemeiniglich dafür hält
Die Cirkaßische und Georgische Mädchen sind
von allen Europäern, die durch ihre Länder reisen,
jederzeit für überaus hübsch gehalten worden. Die
Türken, die Araber, die Perser müssen wohl
mit diesem Geschmacke sehr einstimmig seyn, weil
sie sehr begierig sind, ihre Völkerschaft durch so
feines Blut zu verschönern, und man merket auch
an, daß dem persischen Race dieses wirklich gelungen
ist. Die Kaufleute von Indostan ermangeln gleich=
falls nicht, von einem boshaften Handel mit so
schönen Geschöpfen großen Vortheil zu ziehen, in=
dem sie solche den leckerhaften Reichen ihres Lan=
des zuführen, und man sieht, daß, so sehr auch
der Eigensinn des Geschmacks in diesen verschie=
denen Weltgegenden abweichend seyn mag, den=
noch dasjenige, was einmal in einer derselben als
vorzüglich hübsch erkannt wird, in allen übrigen
auch dafür gehalten werde. Wo aber sich in das

E 3   Urtheil

Urtheil über die feine Gestalt dasjenige einmengt, was in den Zügen moralisch ist: so ist der Geschmack bey verschiedenen Mannspersonen jederzeit sehr verschieden, so wohl nachdem ihr sittliches Gefühl selbst unterschieden ist, als auch nach der verschiedenen Bedeutung, die der Ausdruck des Gesichts in eines jeden Wahne haben mag. Man findet, daß diejenigen Bildungen, die beym ersten Anblicke nicht sonderliche Wirkung thun, weil sie nicht auf eine entschiedene Art hübsch sind, gemeiniglich, so bald sie bey näherer Bekanntschaft zu gefallen anfangen, auch weit mehr einnehmen und sich beständig zu verschönern scheinen; dagegen das hübsche Ansehen, das sich auf einmal ankündigt, in der Folge mit größerem Kaltsinne wahrgenommen wird, welches vermuthlich daher kömmt, daß moralische Reize, wo sie sichtbar werden, mehr fesseln, imgleichen weil sie sich nur bey Gelegenheit sittlicher Empfindungen in Wirksamkeit setzen und sich gleichsam entdecken lassen, jede Entdeckung eines neuen Reizes aber immer noch mehr derselben vermuthen läßt; anstatt daß alle Annehmlichkeiten, die sich gar nicht verhelen, nachdem sie gleich Anfangs ihre ganze Wirkung ausgeübt ha,

ben

ben, in der Folge nichts weiter thun können, als
den verliebten Vorwitz abzukühlen und ihn all=
mählig zur Gleichgültigkeit zu bringen.

Unter diesen Beobachtungen bietet sich ganz
natürlich folgende Anmerkung dar. Das ganz
einfältige und grobe Gefühl in den Geschlechter=
neigungen führet zwar sehr gerade zum großen
Zwecke der Natur, und indem es ihre Foderungen
erfüllt, ist es geschickt die Person selbst ohne Um=
schweife glücklich zu machen; allein um der großen
Allgemeinheit willen artet es leichtlich in Ausschweif=
fung und Lüderlichkeit aus. An der anderen Sei=
te dient ein sehr verfeinigter Geschmack zwar da=
zu, einer ungestümen Neigung die Wildheit zu
benehmen, und, indem sie solche nur auf sehr we=
nig Gegenstände einschränkt, sie sittsam und an=
ständig zu machen; allein sie verfehlet gemeiniglich
die große Endabsicht der Natur, und da sie mehr
fodert oder erwartet, als diese gemeiniglich leistet,
so pflegt sie die Person von so delikater Empfin=
dung sehr selten glücklich zu machen. Die erstere
Gemüthsart wird ungeschlacht, weil sie auf alle
von einem Geschlechte geht, die zweyte grüblerisch,
indem sie eigentlich auf keinen geht, sondern nur

E 4   mit

mit einem Gegenstande beschäfftigt ist, den die ver=
liebte Neigung sich in Gedanken schafft, und mit
allen edlen und schönen Eigenschaften auszieret,
welche die Natur selten in einem Menschen
vereinigt und noch seltner demjenigen zuführet,
der sie schätzen kann und der vielleicht eines sol=
chen Besitzers würdig seyn wird. Daher ent=
springt der Aufschub und endlich die völlige Ent=
sagung auf die eheliche Verbindung, oder, welches
vielleicht eben so schlimm ist, eine grämische Reue
nach einer getroffenen Wahl, welche die großen
Erwartungen nicht erfüllet, die man sich gemacht
hatte; denn nicht selten findet der äsopische Hahn
eine Perle, welchem ein gemeines Gerstenkorn
besser würde geziemet haben.

Wir können hiebey überhaupt bemerken, daß,
so reizend auch die Eindrücke des zärtlichen Ge=
fühles seyn mögen, man doch Ursache habe, in der
Verfeinerung desselben behutsam zu seyn, wofern wir
uns nicht durch übergroße Reizbarkeit nur viel Un=
muth und eine Quelle von Uebel erklügeln wollen.
Ich möchte edleren Seelen wohl vorschlagen, das
Gefühl, in Ansehung derer Eigenschaften, die ih=
nen selbst zukommen, oder derer Handlungen die

sie

sie selber thun, so sehr zu verfeineren, als sie
können, dagegen in Ansehung dessen, was sie ge=
nießen, oder von andern erwarten, den Geschmack
in seiner Einfalt zu erhalten; wenn ich nur ein=
sähe, wie dieses zu leisten möglich sey. In dem
Falle aber, daß es angienge, würden sie andere
glücklich machen und auch selbst glücklich seyn. Es
ist niemals aus den Augen zu lassen, daß, in
welcher Art es auch sey, man keine sehr hohe An=
sprüche auf die Glückseligkeiten des Lebens und
die Vollkommenheit der Menschen machen müsse;
denn derjenige, welcher jederzeit nur etwas Mit=
telmäßiges erwartet, hat den Vortheil, daß der
Erfolg selten seine Hoffnung widerlegt, dagegen
bisweilen ihn auch wohl unvermuthete Vollkom=
menheiten überraschen.

Allen diesen Reizen drohet endlich das Al=
ter, der große Verwüster der Schönheit, und es
müssen, wenn es nach der natürlichen Ordnung
gehen soll, allmählig die erhabenen und edlen Ei=
genschaften die Stelle der schönen einnehmen, um
eine Person, so wie sie nachläßt liebenswürdig zu
seyn, immer einer größeren Achtung werth zu ma=
chen. Meiner Meynung nach sollte in der schönen

Ein=

Einfalt, die durch ein verfeinertes Gefühl an allem, was reizend und edel ist erhoben worden, die ganze Vollkommenheit des schönen Geschlechts in der Blüthe der Jahre bestehen. Allmählig, so wie die Ansprüche auf Reizungen nachlassen, könnte das Lesen der Bücher und die Erweiterung der Einsicht unvermerkt die erledigte Stelle der Grazien durch die Musen ersetzen und der Ehemann sollte der erste Lehrmeister seyn. Gleichwohl, wenn selbst die allem Frauenzimmer so schreckliche Epoche des Altwerdens herankömmt, so gehört es doch auch alsdann noch immer zum schönen Geschlechte und es verunzieret sich selbst, wenn es in einer Art von Verzweiflung, diesen Charakter länger zu erhalten, sich einer murrischen und grämischen Laune überläßt.

Eine bejahrte Person, welche mit einem sittsammen und freundlichen Wesen der Gesellschaft beywohnt, auf eine muntere und vernünftige Art gesprächig ist, die Vergnügen der Jugend, darinnen sie selbst nicht Antheil nimmt, mit Anstande begünstigt, und, indem sie für alles sorgt, Zufriedenheit und Wohlgefallen an der Freude, die um ihr vorgeht, verräth, ist noch immer eine feinere Person, als ein Mann in gleichem Alter, und vielleicht noch liebens-

benswürdiger als ein Mädchen, wiewohl in einem
anderen Verstande. Zwar möchte die platonische
Liebe wohl etwas zu mystisch seyn, welche ein alter
Philosoph vorgab, wenn er von dem Gegenstande
seiner Neigung sagte: Die Grazien residiren in
ihren Runzeln, und meine Seele scheint auf
meinen Lippen zu schweben, wenn ich ihren
welken Mund küsse; allein dergleichen Ansprüche
müssen alsdann auch aufgegeben werden. Ein alter Mann, der verliebt thut, ist ein Geck, und die
ähnliche Anmaßungen des andern Geschlechts sind
alsdann ekelhaft. An der Natur liegt es niemals,
wenn wir nicht mit einem guten Anstande erscheinen, sondern daran, daß man sie verkehren will.

Damit ich meinen Text nicht aus den Augen
verliere: so will ich noch einige Betrachtungen über
den Einfluß anstellen, den ein Geschlecht aufs andere haben kann, dessen Gefühl zu verschönern oder
zu veredlen. Das Frauenzimmer hat ein vorzüg-
liches Gefühl für das Schöne, so fern es ihnen
selbst zukömmt; aber für das Edle, in so weit
es am mänlichen Geschlechte angetroffen
wird. Der Mann dagegen hat ein entschiedenes
Gefühl für das Edle, das zu seinen Eigenschaften

schaften gehört: für das Schöne aber, in so fern es an dem Frauenzimmer anzutreffen ist. Daraus muß folgen, daß die Zwecke der Natur darauf gehen, den Mann durch die Geschlechterneigung noch mehr zu veredlen und das Frauenzimmer durch eben dieselbe noch mehr zu verschönern. Ein Frauenzimmer ist darüber wenig verlegen, daß sie gewisse hohe Einsichten nicht besitzt, daß sie furchtsam und zu wichtigen Geschäfften nicht auferlegt ist rc. rc. sie ist schön und nimmt ein, und das ist genug. Dagegen fordert sie alle diese Eigenschaften am Manne und die Erhabenheit ihrer Seele zeigt sich nur darinnen, daß sie diese edlen Eigenschaften zu schätzen weiß, so fern sie bey ihm anzutreffen seyn. Wie würde es sonsten wohl möglich seyn, daß so viel männliche Fratzengesichter, ob sie gleich Verdienste besitzen mögen, so artige und feine Frauen bekommen könnten. Dagegen ist der Mann viel delikater in Ansehung der schönen Reize des Frauenzimmers. Er ist durch die feine Gestalt desselben, die muntere Naivetät und die reizende Freundlichkeit genugsam schadlos gehalten, wegen des Mangels von Büchergelehrsamkeit und wegen anderer Mängel, die er durch seine eigenen Talente

erseßen

erſetzen muß. Eitelkeit und Moden können wohl dieſen natürlichen Trieben eine falſche Richtung ge= ben und aus mancher Mannsperſon einen ſüſſen Herrn, aus dem Frauenzimmer aber eine Pedan= tinn oder Amaʒone machen; allein die Natur ſucht doch jederzeit zu ihrer Ordnung zurückzuführen. Man kann daraus urtheilen, welche mächtige Einflüſſe die Geſchlechterneigung vornehmlich auf das männ= liche Geſchlecht haben könnte, um es zu veredlen, wenn, anſtatt vieler trockenen Unterweiſungen, das moraliſche Gefühl des Frauenzimmers zeitig ent= wickelt würde, um dasjenige gehörig zu empfinden, was zu der Würde und den erhabenen Eigenſchaften des anderen Geſchlechts gehört und dadurch vorbe= reitet würde, den läppiſchen Zieraffen mit Verachtung anzuſehen, und ſich keinen andern Eigenſchaften als den Verdienſten zu ergeben. Es iſt auch gewiß, daß die Gewalt ihrer Reize dadurch überhaupt ge= winnen würde; denn es zeiget ſich, daß die Bezau= berung derſelben mehrentheils nur auf edlere Seelen wirke, die anderen ſind nicht fein genug ſie zu em= pfinden. Eben ſo ſagte der Dichter Simonides, als man ihm rieth, für den Teſſaliern ſeine ſchönen Geſänge hören zu laſſen: Dieſe Kerle ſind zu

dumm

dumm dazu, als daß sie von einem solchen Manne, wie ich bin, könnten betrogen werden. Man
hat es sonsten schon für eine Wirkung des Umgan-
ges mit dem schönen Geschlecht angesehen, daß die
männlichen Sitten sanfter, ihr Betragen artiger und
geschliffener, und ihr Anstand zierlicher geworden;
allein dieses ist nur ein Vortheil in der Nebensache. *
Es liegt am meisten daran, daß der Mann als
Mann vollkommner werde und die Frau als ein
Weib, d. i. daß die Triebfedern der Geschlechterneigung dem Winke der Natur gemäß wirken, den einen noch mehr zu veredlen und die Eigenschaften
der andren verschönern.   Wenn alles aufs äußer-
ste kömmt, so wird der Mann, dreist auf seine Verdienste, sagen können: Wenn ihr mich gleich nicht
liebt,

---

* Dieser Vortheil selbst wird gar sehr gemindert
durch die Beobachtung, welche man gemacht haben
will, daß diejenigen Mannspersonen, welche zu früh
und zu häufig in solchen Gesellschaften eingefloch-
ten sind, denen das Frauenzimmer den Ton giebt,
gemeiniglich etwas läppisch werden, und im männlichen Umgange langweilig oder auch verächtlich
sind, weil sie den Geschmack an einer Unterhaltung
verloren haben, die zwar munter, aber doch auch
von wirklichem Gehalte, zwar scherzhaft, aber auch
durch ernsthafte Gespräche nützlich seyn muß.

liebt, so will ich euch zwingen mich hochzuachten, und das Frauenzimmer, sicher der Macht ihrer Rei= ze, wird antworten: Wenn ihr uns gleich nicht innerlich hochschätzet, so zwingen wir euch doch uns zu lieben. In Ermangelung solcher Grund= sätze sieht man Männer Weiblichkeiten annehmen um zu gefallen, und Frauenzimmer bisweilen (wie= wohl viel seltner) einen männlichen Anstand künst= len, um Hochachtung einzuflößen; was man aber wider den Dank der Natur macht, das macht man jederzeit sehr schlecht.

In dem ehelichen Leben soll das vereinigte Paar gleichsam eine einzige moralische Person aus= machen, welche durch den Verstand des Mannes und den Geschmack der Frauen belebt und regiert wird. Denn nicht allein, daß man jenem mehr auf Erfahrung gegründete Einsicht, diesem aber mehr Freyheit und Richtigkeit in der Empfindung zutrauen kann, so ist eine Gemüthsart, je erhabener sie ist, auch um desto geneigter, die größte Absicht der Be= mühungen in der Zufriedenheit eines geliebten Ge= genstandes zu setzen, und anderer Seits je schöner sie ist, desto mehr sucht sie durch Gefälligkeit diese Bemühung zu erwiedern. Es ist also in einem sol=

chen

chen Verhältnisse ein Vorzugsstreit läppisch, und
wo er sich eräugnet, das sicherste Merkmal eines
plumpen, oder ungleichen gepaarten Geschmackes.
Wenn es dahin kömmt, daß die Rede vom Rechte
des Befehlshabers ist, so ist die Sache schon äußerst
verderbt; denn wo die ganze Verbindung eigentlich nur auf Neigung errichtet ist, da ist sie
schon halb zerrissen, so bald sich das Sollen anfängt
hören zu lassen. Die Anmaßung des Frauenzimmers in diesem harten Tone ist äußerst häßlich, und
des Mannes im höchsten Grade unedel und verächtlich. Indessen bringt es die weise Ordnung der
Dinge so mit sich: daß alle diese Feinheiten und
Zärtlichkeiten der Empfindung nur im Anfange ihre
ganze Stärke haben, in der Folge aber durch Gemeinschaft und häußliche Angelegenheit allmählig
stumpfer werden, und dann in vertauliche Liebe aus-
arten, wo endlich die große Kunst darinnen besteht,
noch genugsame Reste von jenen zu erhalten, damit
Gleichgültigkeit und Ueberdruß nicht den ganzen
Werth des Vergnügens aufheben, um dessentwillen
es einzig und allein verlohnt hat, eine solche Verbindung einzugehen.

Vierter

Vierter Abschnitt.

Von den Nationalcharaktern, * in so fern
sie auf dem unterschiedlichen Gefühle des Erhabenen und Schönen beruhen.

Unter den Völkerschaften unseres Welttheiles sind
meiner Meynung nach die Italiäner und
Franzosen diejenigen, welche im Gefühle des Schönen,

---

* Meine Absicht ist gar nicht, die Charakter der
Völkerschaften ausführlich zu schildern, sondern ich
entwerfe nur einige Züge, die das Gefühl des Erhabenen und Schönen an ihnen ausdrucken. Man
kann leicht erachten, daß an dergleichen Zeichnung
nur eine leidliche Richtigkeit könne verlangt werden, daß die Urbilder davon nur in dem großen
Haufen dererjenigen, die auf ein feineres Gefühl
Anspruch machen, hervorstechen, und daß es keiner
Nation an Gemüthsarten fehle, welche die vor-
trefflichsten Eigenschaften von dieser Art vereinbaren.
Um deswillen kann der Tadel, der gelegentlich auf
ein Volk fallen möchte, keinen beleidigen, wie er
denn von solcher Natur ist, daß ein jeglicher ihn
wie einen Ball auf seinen Nachbar schlagen kann.
Ob diese Nationalunterschiede zufällig seyn und
von den Zeitläuften und der Regierungsart abhän-
gen, oder mit einer gewissen Nothwendigkeit an das
Clima gebunden seyn; das untersuche ich hier nicht.

F

nen, die Deutschen Engländer und Spanier, aber, die durch das Gefühl des Erhabenen sich unter allen übrigen am meisten ausnehmen. Holland kann für dasjenige Land gehalten werden, wo dieser feinere Geschmack ziemlich unmerklich wird. Das Schöne selbst ist entweder bezaubernd und rührend, oder lachend und reizend. Das erstere hat etwas von dem Erhabenen an sich, und das Gemüth ist in diesem Gefühle ist tiefsinnig und entzückt, in dem Gefühle der zweyten Art aber lächelnd und fröhlich. Den Italiänern scheint die erstere, den Franzosen die zweyte Art des schönen Gefühls vorzüglich angemessen zu seyn. In dem Nationalcharaktere, der den Ausdruck des Erhabenen an sich hat, ist dieses entweder das von der schreckhaftern Art, das sich ein wenig zum Abenteuerlichen neigt, oder es ist ein Gefühl für das Edle, oder für das Prächtige. Ich glaube Gründe zu haben, das Gefühl der ersteren Art dem Spanier, der zweyten dem Engländer, und der dritten dem Deutschen beylegen zu können. Das Gefühl fürs Prächtige ist seiner Natur nach nicht Original, so wie die übrigen Arten des Geschmacks; und obgleich ein Nachahmungsgeist mit jedem andern Gefühl kann verbun-

bun-

bunden seyn, so ist er doch dem für das Schim=
mernderhabene mehr eigen: denn es ist dieses ei=
gentlich ein gemischtes Gefühl, aus dem des Schö=
nen und des Edlen, wo jedes für sich betrachtet käl=
ter ist, und daher das Gemüth frey genug ist, bey
der Verknüpfung desselben auf Beyspiele zu merken
und auch deren Antrieb von nöthen hat. Der
Deutsche wird demnach weniger Gefühl in Ansehung
des Schönen haben als der Franzose, und weniger
von demjenigen, was auf das Erhabene geht, als der
Engländer: aber in denen Fällen, wo beydes ver=
bunden erscheinen soll, wird es seinem Gefühle mehr
gemäß seyn, wie er denn auch die Fehler glücklich
vermeiden wird, in die eine ausschweifende Stärke
einer jeden dieser Arten des Gefühls allein gerathen
könnte.

Ich berühre nur flüchtig die Künste und die
Wissenschaften, deren Wahl den Geschmack der Na=
tionen bestätigen kann, welchen wir ihnen beyge=
messen haben. Das italiänische Genie hat sich vor=
nehmlich in der Tonkunst, der Malerey, Bildhauer=
kunst und der Architektur hervorgethan. Alle diese
schönen Künste finden einen gleich feinen Geschmack
in Frankreich für sich, obgleich die Schönheit der=

selben

selben hier weniger rührend ist. Der Geschmack in
Ansehung der dichterischen oder rednerischen Vollkommenheit fällt in Frankreich mehr in das Schöne,
in England mehr in das Erhabene. Die feinen
Scherze, das Lustspiel, die lachende Satyre, das
verliebte Tändeln und die leicht und natürlich fließen-
de Schreibart sind dort Original. In England dagegen Gedanken von tiefsinnigen Inhalte, das
Trauerspiel, das epische Gedicht und überhaupt
schweres Gold von Witze, welches unter französischen Hammer zu dünnen Blättchen von großer Ober-
fläche kann gedehnt werden. In Deutschland
schimmert der Witz noch sehr durch die Folie. Ehe
dem war er schreyend, durch Beyspiele aber und den
Verstand der Nation ist er zwar reizender und edler
geworden, aber jenes mit weniger Naivetät, dieses
mit einem minder kühnen Schwunge, als in den
erwehnten Völkerschaften. Der Geschmack der hol-
ländischen Nation an einer peinlichen Ordnung und
einer Zierlichkeit, die in Bekümmerniß und Verlegenheit setzet, läßt auch wenig Gefühl in Ansehung
der ungekünstelten und freyen Bewegungen des Ge-
nies vermuthen, dessen Schönheit durch die ängst-
liche Verhütung der Fehler nur würde entstellt
werden

den. Nichts kann allen Künsten und Wissenschaften
mehr entgegen seyn, als ein abenteuerlicher Geschmack, weil dieser die Natur verdreht, welche das
Urbild alles Schönen und Edlen ist. Daher hat
die spanische Nation auch wenig Gefühl für die schönen Künste und Wissenschaften an sich gezeiget.

Die Gemüthscharaktere der Völkerschaften
sind am kenntlichsten bey demjenigen, was an ihnen
moralisch ist; um deswillen wollen wir noch das
verschiedene Gefühl derselben in Ansehung des Erhabenen und Schönen aus diesem Gesichtspunkte
in Erwegung ziehen. *

Der Spanier ist ernsthaft, verschwiegen
und wahrhaft. Es giebt wenig redlichere Kaufleute in der Welt als die spanischen. Er hat eine
stolze Seele und mehr Gefühl für große als für
schöne Handlungen. Da in seiner Mischung wenig
von dem gütigen und sanften Wohlwollen anzutreffen

F 3   ist

---

* Es ist kaum nöthig, daß ich hier meine vorige Entschuldigung wiederhole. In jedem Volke enthält
der feinste Theil rühmliche Charaktere von aller
Art, und wen ein oder anderer Tadel treffen sollte,
der wird, wenn er fein genug ist, seinen Vortheil
verstehen, der darauf ankömmt, daß er jeden andern
seinem Schicksale überläßt, sich selbst aber ausnimmt.

ift: fo ift er öfters hart und auch wohl grausam.
Das Auto da Fe erhält sich nicht so wohl durch
Aberglauben, als durch die abenteuerliche Neigung
der Nation, welche durch einen ehrwürdig schreckli=
chen Aufzug gerührt wird, worinnen es den mit
Teufelsgestalten bemalten San Benito den Flam=
men, die eine wüthende Andacht entzündet hat,
überliefern sieht. Man kann nicht sagen, der Spa=
nier sey hochmüthiger oder verliebter als jemand aus
einem andern Volke; allein er ist beydes auf eine
abenteuerliche Art, die seltsam und ungewöhnlich
ist. Den Pflug stehen lassen und mit einem langen
Degen und Mantel so lange auf dem Ackerfelde spa=
zieren, bis der vorüber reisende Fremde vorbey ist,
oder in einem Stiergefechte, wo die Schönen des
Landes einmal unverschleyert gesehen werden, seine
Beherrscherinn durch einen besonderen Gruß ankün=
digen und dann ihr zu Ehren sich in einen gefährli=
chen Kampf mit einem wilden Thiere wagen, sind
ungewöhnliche und seltsame Handlungen, die von dem
Natürlichen weit abweichen.

Der Italiäner scheint ein gemischtes Gefühl
zu haben, von dem eines Spaniers und dem eines
Franzosen; mehr Gefühl für das Schöne als der
erstere

erstere und mehr für das Erhabene als der letztere.
Auf diese Art können, wie ich meyne, die übrigen
Züge seines moralischen Charakters erklärt werden.

Der Franzose hat ein herrschendes Gefühl
für das moralische Schöne. Er ist artig, höflich und
gefällig. Er wird sehr geschwind vertraulich, ist
scherzhaft und frey im Umgange, und der Ausdruck
ein Mann oder eine Dame von gutem Tone
hat nur eine verständliche Bedeutung für den, der
das artige Gefühl eines Franzosen erworben hat.
Selbst seine erhabene Empfindungen, deren er nicht
wenige hat, sind dem Gefühle des Schönen untergeordnet und bekommen nur ihre Stärke durch die
Zusammenstimmung mit dem letzteren. Er ist sehr
gern witzig und wird einem Einfalle ohne Beden-
ken etwas von der Wahrheit aufopfern. Dagegen,
wo man nicht witzig seyn kann, * zeiget er eben so

F 4   wohl

* In der Metaphysik, der Moral und den Lehren
der Religion, kann man bey den Schriften dieser
Nation nicht behutsam genug seyn. Es herrschet darin gemeiniglich viel schönes Blendwerk, welches in
einer kalten Untersuchung die Probe nicht hält. Der
Franzose liebt das Kühne in seinen Aussprüchen;
allein, um zur Wahrheit zu gelangen, muß man nicht
kühn sondern behutsam seyn. In der Geschichte hat
er gern Anekdoten, denen nichts weiter fehlt, als
das zu wünschen, daß sie nur wahr wären.

wohl gründliche Einsicht, als jemand aus irgend
einem andern Volke z. E. in der Mathematik und
in den übrigen trockenen oder tiefsinnigen Künsten
und Wissenschaften. Ein Bon Mot hat bey ihm
nicht den flüchtigen Werth als anderwärts, es wird
begierig verbreitet und in Büchern aufbehalten, wie
die wichtigste Begebenheit. Er ist ein ruhiger Bür-
ger und rächtet sich wegen der Bedrückungen der Ge-
neralpächter durch Satyren, oder durch Parlaments-
Remonstrationen, welche, nachdem sie ihrer Absicht
gemäß den Vätern des Volks ein schönes patrioti-
sches Ansehen gegeben haben, nichts weiter thun,
als daß sie durch eine rümliche Verweisung gekrönt
und in sinnreichen Lobgedichten besungen werden.
Der Gegenstand, auf welchen sich die Verdienste
und Nationalfähigkeiten dieses Volks am meisten
beziehen, ist das Frauenzimmer. * Nicht, als wenn

es

* Das Frauenzimmer giebt in Frankreich allen Gesellschaften und allem Umgange den Ton. Nun ist
wohl nicht zu läugnen, daß die Gesellschaften ohne
das schöne Geschlecht ziemlich schmacklos und langweilig seyn; allein wenn die Dame darinn den schönen Ton angiebt: so sollte der Mann seiner Seits
den edlen angeben. Widrigenfalls wird der Um-
gang

es hier mehr als anderwärts geliebt oder geschätzet
würde, sondern weil es die beste Veranlassung giebt,
die beliebtesten Talente des Witzes, der Artigkeit
und der guten Manieren in ihrem Lichte zu zeigen;
übrigens liebt eine eitele Person eines jeden Geschlechts jederzeit nur sich selbst; die andere ist
bloß ihr Spielwerk. Da es den Franzosen an eb-

F 5   len

gang eben so wohl langweilig, aber aus einem entge-
gengesetzten Grunde; weil nichts so sehr vereitelt
als lauter Süßigkeit. Nach dem französischen Geschmacke heißt es, nicht: ist der Herr zu Hause,
sondern, ist Madam zu Hause? Madam ist vor der
Toilette, Madam hat Vapeurs (eine Art schöner Gril-
len); kurz mit Madam und von Madam beschäf-
tigen sich alle Unterredungen und alle Lustbarkeiten.
Indessen ist das Frauenzimmer dadurch gar nicht
mehr geehrt. Ein Mensch welcher tändelt, ist jederzeit ohne Gefühl, so wohl der wahren Achtung
als auch der zärtlichen Liebe. Ich möchte wohl,
um wer weiß wie viel, dasjenige nicht gesagt haben, was Rousseau so verwegen behauptet: daß
ein Frauenzimmer niemals etwas mehr als ein
großes Kind werde. Allein der scharfsichtige
Schweizer schrieb dieses in Frankreich und vermuthlich empfand er es als ein so großer Vertheidiger
des schönen Geschlechts mit Entrüstung, daß man
demselben nicht mit mehr wirklicher Achtung daselbst begegnet.

len Eigenschaften gar nicht gebricht, nur daß diese durch die Empfindung des Schönen allein können belebt werden: so würde das schöne Geschlecht hier einen mächtigern Einfluß haben können, die edelsten Handlungen des männlichen zu erwecken und rege zu machen als irgend sonsten in der Welt; wenn man bedacht wäre, diese Richtung des Nationalgeistes ein wenig zu begünstigen. Es ist Schade daß die Lilien nicht spinnen.

Der Fehler, woran dieser Nationalcharakter am nächsten gränzt, ist das Läppische, oder mit einem höflicheren Ausdrucke das Leichtsinnige. Wichtige Dinge werden als Spaße behandelt, und Kleinigkeiten dienen zur ernsthaftesten Beschäftigung. Im Alter singt der Franzose alsbann noch lustige Lieder, und ist, so viel er kann, auch galant gegen das Frauenzimmer. Bey diesen Anmerkungen habe ich große Gewährsmänner aus eben derselben Völkerschaft auf meiner Seite, und ziehe mich hinter einen Montesquieu und D'Alembert, um wider jeden besorglichen Unwillen sicher zu seyn.

Der Engländer ist im Anfange einer jeden Bekanntschaft kaltsinnig, und gegen einen Fremden gleichgültig. Er hat wenig Neigung zu kleinen

Gefällig=

Gefälligkeiten; dagegen wird er, so bald er ein Freund ist, zu großen Dienstleistungen auferlegt. Er bemühet sich wenig im Umgange witzig zu seyn, oder einen artigen Anstand zu zeigen, dagegen ist er verständig und gesetzt. Er ist ein schlechter Nachahmer, fragt nicht viel darnach, was andere urtheilen und folget lediglich seinem eigenen Geschmacke. Er ist in Verhältniß auf das Frauenzimmer nicht von französischer Artigkeit, aber bezeiget gegen dasselbe weit mehr Achtung und treibt diese vielleicht zu weit, indem er im Ehestande seiner Frau gemeiniglich ein unmschränktes Ansehen einräumet. Er ist standhaft, bisweilen bis zur Hartnäckigkeit, kühn und entschlossen, oft bis zur Vermessenheit und handelt nach Grundsätzen gemeiniglich bis zum Eigensinne. Er wird leichtlich ein Sonderling, nicht aus Eitelkeit, sondern weil er sich wenig um andre bekümmert, und seinem Geschmacke aus Gefälligkeit oder Nachahmung nicht leichtlich Gewalt thut; um deswillen wird er selten so sehr geliebt als der Franzose, aber, wenn er gekannt ist, gemeiniglich mehr hochgeachtet.

Der D e u t s c h e hat ein gemischtes Gefühl aus dem eines Engländers und dem eines Franzosen.

sen, scheint aber dem ersteren am nächsten zu kommen und die größere Aehnlichkeit mit dem letzteren ist nur gekünstelt und nachgeahmt. Er hat eine glückliche Mischung in dem Gefühle so wohl des Erhabenen und des Schönen; und wenn er in dem ersteren es nicht einem Engländer, im zweyten aber dem Franzosen nicht gleich thut: so übertrifft er sie beyde, in so ferne er sie verbindet. Er zeigt mehr Gefälligkeit im Umgange als der erstere, und wenn er gleich nicht so viel angenehme Lebhaftigkeit und Witz in die Gesellschaft bringt, als der Franzose, so äußert er doch darin mehr Bescheidenheit und Verstand. Er ist, so wie in aller Art des Geschmacks, also auch in der Liebe ziemlich methodisch, und indem er das Schöne mit dem Edlen verbindet, so ist er in der Empfindung beyder kalt genug, um seinen Kopf mit den Ueberlegungen des Anstandes, der Pracht und des Aufsehens zu beschäfftigen. Daher sind Familie, Tittel und Rang bey ihm so wohl im bürgerlichen Verhältnisse als in der Liebe Sachen von großer Bedeutung. Er fragt weit mehr als die vorigen darnach: was die Leute von ihm urtheilen möchten, und wo etwas in seinem Charakter ist, das den Wunsch einer Hauptverbesserung rege ma=

chen

chen könnte, so ist es diese Schwachheit, nach welcher er sich nicht erkühnet Original zu seyn, ob er gleich dazu alle Talente hat und daß er sich zu viel mit der Meynung anderer einläßt, welches den sittlichen Eigenschaften alle Haltung nimmt, indem es sie wetterwendisch und falsch gekünstelt machet.

Der Holländer ist von einer ordentlichen und ämsigen Gemüthsart, und, indem er lediglich auf das Nützliche sieht, so hat er wenig Gefühl für dasjenige, was im feineren Verstande schön oder erhaben ist. Ein großer Mann bedeutet bey ihm eben so viel als ein reicher Mann, unter dem Freunde versteht er seinen Correspondenten, und ein Besuch ist ihm sehr langweilig, der ihm nichts einbringt. Er macht den Contrast, so wohl gegen den Franzosen als den Engländer, und ist gewisser maßen ein sehr phlegmatisirter Deutsche.

Wenn wir den Versuch dieser Gedanken in irgend einem Falle anwenden, um z. E. das Gefühl der Ehre zu erwegen, so zeigen sich folgende Nationalunterschiede. Die Empfindung für die Ehre ist am Franzosen Eitelkeit, an dem Spanier Hochmuth, an dem Engländer Stolz, an dem Deutschen Hoffarth, und an dem Holländer

länder Aufgeblasenheit. Diese Ausdrücke
scheinen beym ersten Anblicke einerley zu bedeuten,
allein sie bemerken nach dem Reichthume unserer
deutschen Sprache sehr kenntliche Unterschiede.
Die Eitelkeit buhlet um Beyfall, ist flatterhaft und
veränderlich, ihr äußeres Betragen aber ist höflich·
Der Hochmüthige ist voll von fälschlich einge=
bildeten großen Vorzügen und bewirbt sich nicht vel
um den Beyfall anderer, seine Aufführung ist steif
und hochtrabend. Der Stolz ist eigentlich
nur ein größeres Bewußtseyn seines eigenen Wer=
thes, der öfters sehr richtig seyn kann, (um deswil=
len er auch bisweilen ein edler Stolz heißt; niemals
aber kann ich jemanden einen edlen Hochmuth bey=
legen, weil dieser jederzeit eine unrichtige und über=
triebene Selbstschätzung anzeigt,) das Betragen des
Stolzen gegen andere ist gleichgültig und kalt=
sinnig. Der Hoffärtige ist ein Stolzer, der
zugleich eitel ist. * Der Beyfall aber, den er bey
andern

* Es ist nicht nöthig, daß ein Hoffärtiger zugleich
hochmüthig sey, d. i. sich eine übertriebene falsche
Einbildung von seinen Vorzügen mache, sondern er
kann vielleicht sich nicht höher schätzen als er werth
ist, er hat aber nur einen falschen Geschmack, diesen
seinen Werth äußerlich geltend zu machen.

andern sucht, besteht in Ehrenbezeugungen. Daher schimmert er gern durch Tittel, Ahnenregister und Gepränge. Der Deutsche ist vornehmlich von dieser Schwachheit angesteckt. Die Wörter: Gnädig, Hochgeneigt, Hoch= und Wohlgeb. und dergleichen Bombast mehr, machen seine Sprache steif und ungewandt, und verhindern gar sehr die schöne Einfalt, welche andere Völker ihrer Schreibart geben können. Das Betragen eines Hoffärtigen in dem Umgange ist Ceremonie. Der Aufgeblasene ist ein Hochmüthiger, welcher deutliche Merkmaale der Verachtung anderer in seinem Betragen äußert. In der Aufführung ist er grob. Diese elende Eigenschaft entfernet sich am weitesten vom feineren Geschmacke, weil sie offenbar dumm ist; denn das ist gewiß nicht das Mittel dem Gefühle für Ehre ein Gnüge zu leisten, daß man durch offenbare Verachtung alles um sich zum Haße und zur beissenden Spötterey auffordert.

In der Liebe haben der Deutsche und der Engländer einen ziemlich guten Magen, etwas fein von Empfindung, mehr aber von gesunden und derben Geschmacke. Der Italiäner ist in diesem Punkte grüblerisch, der Spanier phantastisch, der Franzose vernascht.

Die

Die Religion unseres Welttheiles ist nicht die Sache eines eigenwilligen Geschmacks, sondern von ehrwürdigerem Ursprunge. Daher können auch nur die Ausschweifungen in derselben, und das was darin den Menschen eigenthümlich angehört, Zeichen von den verschiedenen Nationaleigenschaften abgeben. Ich bringe diese Ausschweifungen unter folgende Hauptbegriffe: **Leichtgläubigkeit** (Credulität) **Aberglaube** (Superstition,) **Schwärmerey** (Fanaticism.) und **Gleichgültigkeit** (Indifferentism.) **Leichtgläubig** ist mehrentheils der unwissende Theil einer jeden Nation, ob er gleich kein merkliches feineres Gefühl hat. Die Ueberredung kömmt lediglich auf das Hörensagen und das scheinbare Ansehen an, ohne daß einige Art des feinern Gefühls dazu die Triebfeder enthielte. Die Beyspiele ganzer Völker von dieser Art muß man in Norden suchen. Der Leichtgläubige, wenn er von abenteuerlichen Geschmacke ist, wird abergläubisch. Dieser Geschmack ist so gar an sich selbst ein Grund etwas leichter zu glauben * und

von

---

* Man hat sonst bemerkt, daß die Engländer, als ein so kluges Volk, gleichwohl leicht durch eine dreiste

von zweenen Menschen, deren der eine von diesem Gefühle angesteckt, der andere aber von kalter und ge-
mäßigter Gemüthsart ist, wird der erstere, wenn er
gleich wirklich mehr Verstand hat, dennoch durch
seine herrschende Neigung eher verleitet werden, etwas Unnatürliches zu glauben, als der andere, welchen nicht seine Einsicht, sondern sein gemeines und
phlegmatisches Gefühl vor dieser Ausschweifung be-
wahret. Der Abergläubische in der Religion stellet
zwischen sich und dem höchsten Gegenstande der
Verehrung gern gewisse mächtige und erstaunliche
Menschen, so zu reden Riesen der Heiligkeit, denen
die Natur gehorcht und deren beschwörende Stimme
die eiserne Thore des Tartarus auf- oder zuschließt,
die, indem sie mit ihrem Haupte den Himmel be-

G   rühren,

sie Ankündigung einer wunderlichen und ungereimten
Sache können berückt werden, sie anfänglich zu glauben; wovon man viele Beyspiele hat. Allein eine
kühne Gemüthsart, vorbereitet durch verschiedene
Erfahrungen, in welchen manche seltsame Dinge
gleichwohl wahr befunden worden, bricht geschwin-
de durch die kleinen Bedenklichkeiten, von denen ein
schwacher und mistrauischer Kopf bald aufgehalten
wird, und so ohne sein Verdienst bisweilen vor dem
Irrthume verwahret wird.

rühren, ihren Fuß noch auf der niederen Erde stehen haben. Die Unterweisung der gesunden Vernunft wird demnach in Spanien große Hindernisse zu überwinden haben, nicht darum, weil sie, die Unwissenheit daselbst zu vertreiben hat, sondern weil ein seltsamer Geschmack ihr entgegensteht, welchem das Natürliche gemein ist, und der niemals glaubt in einer erhabenen Empfindung zu seyn, wenn sein Gegenstand nicht abenteuerlich ist. Die Schwärmerey ist so zu sagen eine andächtige Vermessenheit und wird durch einen gewissen Stolz und ein gar zu großes Zutrauen zu sich selbst veranlaßt, um den himmlischen Naturen näher zu treten und sich durch einen erstaunlichen Flug über die gewöhnliche und vorgeschriebene Ordnung zu erheben. Der Schwärmer redet nur von unmittelbarer Eingebung und von beschaulichem Leben, indessen daß der Abergläubische vor den Bildern großer wunterthätiger Heiligen Gelübde thut und sein Zutrauen auf die eingebildeten und unnachahmliche Vorzüge anderer Personen von seiner eigenen Natur setzet. Selbst die Ausschweifungen führen, wie wir oben bemerkt haben, Zeichen des Nationalgefühls bey sich, und so ist der Fanati-

naticismus, * wenigstens in den vorigen Zeiten,
am meisten in Deutschland und England anzu=
treffen gewesen, und ist gleichsam ein unnatürli=
cher Auswuchs des edlen Gefühls, welches zu dem
Charakter dieser Völker gehört, und überhaupt bey
weiten nicht so schädlich, als die abergläubische
Neigung, wenn sie gleich im Anfange ungestüm
ist, weil die Erhitzung eines schwärmerischen Gei=
stes allmählig verkühlet und seiner Natur nach
endlich zur ordentlichen Mäßigung gelangen muß,
anstatt daß der Aberglaube sich in einer ruhigen
und leidenden Gemüthsbeschaffenheit unvermerkt
tiefer einwurzelt, und dem gefesselten Menschen das
Zutrauen gänzlich benimmt, sich von einem schäd=
lichen Wahne jemals zu befreyen. Endlich ist ein
Eiteler und Leichtsinniger jederzeit ohne stärkeres

Ge=

---

* Der Fanaticismus muß von Enthusiasmus jederzeit
   unterschieden werden. Jener glaubt eine unmittel=
   bare und außerordentliche Gemeinschaft mit einer
   höheren Natur zu fühlen, dieser bedeutet den Zu=
   stand des Gemüths, da dasselbe durch irgend einen
   Grundsatz über den geziemenden Grad erhitzt wor=
   den, es sey nun durch die Maxime der patriotischen
   Tugend, oder der Freundschaft, oder der Religion,
   ohne daß hiebey die Einbildung einer übernatürli=
   chen Gemeinschaft etwas zu schaffen hat.

Gefühl für das Erhabene, und seine Religion ist ohne Rührung, mehrentheils nur eine Sache der Mode, welche er mit aller Artigkeit begeht und kalt bleibt. Dieses ist der praktische Indifferentismus zu welchem der französische Nationalgeist am meisten geneigt zu seyn scheint, wovon bis zur frevelhaften Spötterey nur ein Schritt ist, und der im Grunde, wenn auf den inneren Werth gesehen wird, von einer gänzlichen Absagung wenig voraus hat.

Gehen wir mit einem flüchtigen Blicke noch die anderen Welttheile durch: so treffen wir den Araber als den edelsten Menschen im Oriente an, doch von einem Gefühle, welches sehr in das Abenteuerliche ausartet. Er ist gastfrey, großmüthig und wahrhaft; allein seine Erzählung und Geschichte und überhaupt seine Empfindung ist jederzeit mit etwas Wunderbaren durchflochten. Seine erhitzte Einbildungskraft stellet ihm die Sachen in unnatürlichen und verzogenen Bildern dar, und selbst die Ausbreitung seiner Religion war ein großes Abenteuer. Wenn die Araber gleichsam die Spanier des Orients sind, so sind die Perser die Franzosen von Asien. Sie sind gute Dichter,

Dichter, höflich und von ziemlich feinem Geschmacke. Sie sind nicht so strenge Befolger des Islam und erlaubten ihrer zur Lustigkeit aufgelegten Gemüths= art eine ziemlich milde Auslegung des Coran. Die Japoneser könnten gleichsam als die Engländer dieses Welttheils angesehen werden: aber kaum in einer andern Eigenschaft, als ihrer Standhaftig= keit, die bis zur äußersten Halsstarrigkeit ausartet, ihrer Tapferkeit und Verachtung des Todes. Uebri= gens zeigen sie wenig Merkmaale eines feineren Gefühls an sich. Die Indianer haben einen herrschenden Geschmack von Fratzen, von derjenigen Art, die ins Abenteuerliche einschlägt. Ihre Re= ligion besteht aus Fratzen. Götzenbilder von un= geheurer Gestalt, der unschätzbare Zahn des mäch= tigen Affen Hanumann, die unnatürliche Büssun= gen der Fakirs (heidnischer Bettelmönche) u. s. w. sind in diesem Geschmacke. Die willkührliche Auf= opferung der Weiber, in eben demselben Scheiter= haufen, der die Leiche ihres Mannes verzehrt, ist ein scheusliches Abenteuer. Welche läppische Fra= tzen enthalten nicht die weitschichtigen und ausstu= dirten Complimente der Chineser; selbst ihre Ge= mälde sind fratzenhaft und stellen wunderliche und

G 3　unna=

unnatürliche Gestalten vor, dergleichen nirgend in der Welt anzutreffen sind. Sie haben auch ehrwürdige Fratzen, darum weil sie von uraltem Gebrauche sind, * und keine Völkerschaft in der Welt hat deren mehr als diese.

Die *Negers* von Afrika haben von der Natur kein Gefühl, welches über das Läppische stiege. Herr Hume fodert jedermann auf, ein einziges Beyspiel anzuführen, da ein Neger Talente gewiesen habe, und behauptet: daß unter den hunderttausenden von Schwarzen, die aus ihren Ländern anderwärts verführt werden, obgleich deren sehr viele auch in Freyheit gesetzt würden, dennoch nicht ein einziger jemals gefunden worden, der entweder in Kunst oder Wissenschaft, oder irgend einer andern rühmlichen Eigenschaft etwas großes vorgestellt habe, obgleich unter den Weißen sich beständig welche aus dem niedrigsten Pöbel empor schwingen, und durch vorzügliche Gaben in der Welt ein

An-

---

* Man begeht noch in Peking die Ceremonie, bey einer Sonnen oder Mondfinsterniß durch großes Getdusch den Drachen zu verjagen, der diese Himmelskörper verschlingen will, und behält einen elenden Gebrauch aus den ältesten Zeiten der Unwissenheit bey, ob man gleich jetzo besser belehrt ist.

Anſehen erwerben. So weſentlich iſt der Unter-
ſchied zwiſchen dieſen zwey Menſchengeſchlechtern,
und er ſcheint eben ſo groß in Anſehung der Ge-
müthsfähigkeiten, als der Farbe nach zu ſeyn.
Die unter ihnen weit ausgebreitete Religion der
Fetiſche iſt vielleicht eine Art von Gößendienſte,
welcher ſo tief ins Läppiſche ſinkt, als es nur immer von der menſchlichen Natur möglich zu ſeyn
ſcheint. Eine Vogelfeder, ein Kuhhorn, eine Mu-
ſchel, oder jede andere gemeine Sache, ſo bald ſie
durch einige Worte eingeweihet worden, iſt ein
Gegeſtand der Verehrung und der Anrufung in
Eidſchwüren. Die Schwarzen ſind ſehr eitel, aber
auf Negerart, und ſo plauderhaft, daß ſie mit
Prügeln müſſen aus einander gejagt werden.

Unter allen Wilden iſt keine Völkerſchaft,
welche einen ſo erhabenen Gemüthscharakter an ſich
zeigete, als die von Nordamerika. Sie haben ein ſtarkes Gefühl für Ehre, und indem ſie,
um ſie zu erjagen, wilde Abenteuer von hundert
Meilen weit aufſuchen: ſo ſind ſie noch äußerſt
aufmerkſam, den mindeſten Abbruch derſelben zu
verhüten, wenn ihr eben ſo harter Feind, nachdem
er ſie ergriffen hat, durch grauſame Quaalen feige

Seufzer

Seufzer von ihnen zu erzwingen sucht. Der cana=
dische Wilde ist übrigens wahrhaft und redlich. Die
Freundschaft, die er errichtet, ist eben so abenteuerlich
und enthusiastisch, als was jemals aus den ältesten
und fabelhaften Zeiten davon gemeldet worden. Er
ist äußerst stolz, empfindet den ganzen Werth der
Freyheit und erduldet selbst in der Erziehung keine
Begegnung, welche ihm eine niedrige Unterwerfung
empfinden ließe. Lycurgus hat wahrscheinlicher Wei=
se eben dergleichen Wilden Gesetze gegeben; und
wenn ein Gesetzgeber unter den sechs Nationen auf=
stunde: so würde man eine spartanische Republik sich
in der neuen Welt erheben sehen; wie denn die Un=
ternehmung der Argonauten von den Kriegeszügen
dieser Indianer wenig unterschieden ist, und Jason
vor dem Attakakullakulla nichts als die Ehre
eines griechischen Names voraus hat. Alle diese
Wilde haben wenig Gefühl für das Schöne im mo=
ralischen Verstande, und die großmüthige Verge=
bung einer Beleidigung, die zugleich edel und schön
ist, ist als Tugend unter den Wilden völlig unbe=
kannt, sondern wird wie eine elende Feigheit ver=
achtet. Tapferkeit ist das größeste Verdienst des
Wilden, und Rache seine süßeste Wollust. Die
übrigen

übrigen Eingebohrne dieses Welttheils zeigen wenig Spuren eines Gemüthscharakters, welcher zu feineren Empfindungen aufgelegt wäre, und eine außerordentliche Fühllosigkeit macht das Merkmaal dieser Menschen Gattungen aus.

Betrachten wir das Geschlechter-Verhältniß in diesen Welttheilen, so finden wir daß der Europäer einzig und allein das Geheimniß gefunden hat, den sinnlichen Reiz einer mächtigen Neigung mit so viel Blumen zu schmücken und mit so viel Moralischen zu durchflechten, daß er die Annehmlichkeiten desselben nicht allein überaus erhöhet sondern auch sehr anständig gemacht hat. Der Bewohner des Orients ist in diesem Punkte von sehr falschem Geschmacke. In dem er keinen Begriff hat von dem sittlich Schönen, das mit diesem Triebe kann verbunden werden: so büsset er auch so gar den Werth des sinnlichen Vergnügens ein, und sein Haram ist ihm eine beständige Quelle von Unruhe. Er geräth auf allerley verliebte Fratzen, worunter das eingebildete Kleinod eins der vornehmsten ist, dessen er sich vor allem zu versichern sucht, dessen ganzer Werth nur darin besteht, daß man es zerbricht, und von welchem man überhaupt in unserem Welttheile viel

G 5 hämi=

hämischen Zweifel heget, und zu dessen Erhaltung
er sich sehr unbilliger nicht öfters ekelhafter Mittel
bedienet. Daher ist die Frauensperson daselbst
jederzeit im Gefängnisse, sie mag nun ein Mägdchen
seyn, oder einen barbarischen untüchtigen und je=
derzeit argwöhnischen Mann haben. In den Län=
dern der Schwarzen, was kann man da besseres
erwarten, als was durchgängig daselbst angetroffen
wird, nehmlich das weibliche Geschlecht in der tief=
sten Sclaverey? Ein Verzagter ist allemal ein
strenger Herr den Schwächeren, so wie auch bey
uns derjenige Mann jederzeit ein Tyrann in der
Küche ist, welcher außer seinem Hause sich kaum er=
kühnet jemanden unter die Augen zu treten. Der
Pater Labat meldet zwar, daß ein Negerzimmer=
mann, dem er das hochmüthige Verfahren gegen
seine Weiber vorgeworfen, geantwortet habe: Ihr
Weißen seyd rechte Narren, denn zuerst räumet
ihr euren Weibern zu viel ein, und hernach klagt
ihr, wenn sie euch den Kopf toll machen. Es ist
auch, als wenn hierin so etwas wäre, was vielleicht
verdiente, in Ueberlegung gezogen zu werden; allein
kurz um, dieser Kerl war vom Kopfe bis auf die Füße
ganz schwarz; ein deutlicher Beweis, daß das, was er

sagte

sagt, dumm war. Unter allen Wilden sind keine,
bey denen das weibliche Geschlecht in größerem wirk=
lichen Ansehen stünde, als die von Canada. Viel=
leicht übertreffen sie darin so gar unseren gesitteten
Welttheil. Nicht, als wenn man den Frauen da=
selbst demüthige Aufwartungen machte; das sind
nur Complimente. Nein sie haben wirklich zu befeh=
len. Sie versammlen sich und berathschlagen über
die wichtigsten Anordnungen der Nation, über Krieg
und Frieden. Sie schicken darauf ihre Abgeord=
neten an den männlichen Rath und gemeiniglich ist
ihre Stimme diejenige, welche entscheidet. Aber sie
erkaufen diesen Vorzug theuer genug. Sie haben
alle häußliche Angelegenheiten auf dem Halse; und
nehmen an allen Beschwerlichkeiten der Männer mit
Antheil.

Wenn wir zuletzt noch einige Blicke auf die
Geschichte werfen: so sehen wir den Geschmack der
Menschen, wie einen Proteus, stets wandelbare Ge=
stalten annehmen. Die alten Zeiten der Griechen und
Römer zeigeten deutliche Merkmaale eines ächten
Gefühls für das Schöne so wohl als das Erhabene,
in der Dichtkunst, der Bildhauerkunst, der Archi=
tektur, der Gesetzgebung und selbst in den Sitten.

Die

Die Regierung der römischen Kaiser veränderte die edle so wohl als die schöne Einfalt in das Prächtige und dann in den falschen Schimmer, wovon uns noch die Ueberbleibsel ihrer Beredsamkeit, Dichtkunst und selbst die Geschichte ihrer Sitten belehren können. Allmählig erlosch auch dieser Rest des feinern Geschmacks mit dem gänzlichen Verfalle des Staats. Die Barbaren, nachdem sie ihrer Seits ihre Macht beveftigten, führten einen gewissen verkehrten Geschmack ein, den man den Gothischen nennet, und der auf Fratzen hinausflief. Man sah nicht allein Fratzen in der Baukunst, sondern auch in den Wissenschaften und den übrigen Gebräuchen. Das verunartete Gefühl, da es einmal durch falsche Kunst geführet ward, nahm eher eine jede andere natürliche Gestalt, als die alte Einfalt der Natur an, und war entweder beym Uebertriebenen, oder beym Läppischen. Der höchste Schwung, den das menschliche Genie nahm, um zu dem Erhabenen aufzusteigen, bestand in Abenteuren. Man sah geistliche und weltliche Abenteuer, und oftmals eine widrige und ungeheure Bastartart von beyden. Mönche, mit dem Meßbuche in einer und der Kriegesfahne in der

andern

andern Hand, denen ganze Heere betrogener Schlachtopfer folgen, um in andere Himmelsge= genden und in einem heiligeren Boden ihre Ge= beine verscharren zu lassen, eingeweyhete Krieger, durch feyerliche Gelübde zur Gewaltthätigkeit und Missethaten geheiligt, in der Folge eine seltsame Art von heroischen Phantasten, welche sich Ritter nannten und Abenteuere aufsuchten, Turnire, Zweykämpfe und romanische Handlungen. Wäh= rend dieser Zeit ward die Religion zusammt den Wissenschaften und Sitten durch elende Fratzen entstellet, und man bemerket, daß der Geschmack nicht leichtlich auf einer Seite ausartet, ohne auch in allem übrigen, was zum feineren Gefühle gehö= ret deutliche Zeichen seiner Verderbniß darzulegen. Die Klostergelübde machten aus einem großen Theile nützbarer Menschen zahlreiche Gesellschaften ämsiger Müßiggänger, deren grüblerische Lebensart sie geschickt machte, tausend Schulfratzen auszu= hecken, welche von da in größere Welt ausgiengen und ihre Art verbreiteten. Endlich, nachdem das menschliche Genie von einer fast gänzlichen Zer= stöhrung sich durch eine Art von Palingenesie glück= lich wiederum erhoben hat: so sehen wir in un=

sern

fern Tagen den richtigen Geschmack des Schönen
und Edlen so wohl in den Künsten und Wissen=
schaften als in Ansehung des Sittlichen aufblühen,
und es ist nichts mehr zu wünschen, als daß der
falsche Schimmer, der so leichtlich täuscht, uns
nicht unvermerkt von der edlen Einfalt entferne:
vornehmlich aber, daß das noch unentdeckte Ge=
heimniß der Erziehung dem alten Wahne entrissen
werde, um das sittliche Gefühl frühzeitig in dem
Busen eines jeden jungen Weltbürgers zu einer
thätigen Empfindung zu erhöhen, damit nicht alle
Feinigkeit bloß auf das flüchtige und müßige Ver=
gnügen hinauslaufe, dasjenige, was außer uns
vorgeht, mit mehr oder weniger Geschmacke zu be=
urtheilen.